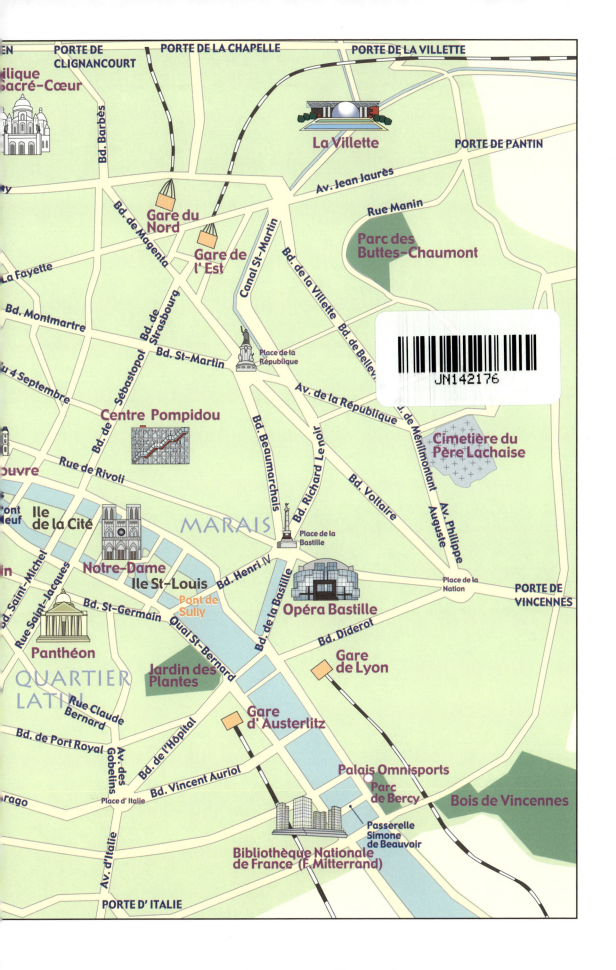

Coccinelle : grammaire française élémentaire

Malvina LECOMTE
Hiroyuki NAKAHATA
Tomoki TOMOTANI
Hirotsugu YAMAJO

Editions ASAHI

まえがき

　本書は、フランス語を初めて学ぶ人を対象とした文法教科書です。フランス語の基本中の基本を短期間で効率的に学べるように、内容を厳選してあります。

　各課は文法説明1ページ、練習問題1ページの見開き構成で、全14課（＋Appendice）を90分×15回の授業で終えることを想定しています。

　10課までで仏検5級の、14課までで仏検4級の出題範囲をカバーしています。本書をしっかり学ぶだけで、仏検4級合格も十分可能です。

　例文、練習問題ともに、原則的に『仏検公式基本語辞典　3級・4級・5級』（朝日出版社、2009年）収録の語彙を使用しました。

　例文にはあえて日本語訳を付していません。できれば予習の段階で、しっかり辞書を引いて自分で意味を考えてください。その作業そのものが学習にとても有益です。また、例文はとくに重要な用例を示していますので、できれば全部暗記してしまいましょう。

　息ぬきのために文化コラム「映画のなかのパリ」を4つ設けました。パリを訪れるときにちょっと思い出していただければ幸いです。

　なお、♪印を付した部分のフランス語音声は、次のサイトにて公開しています。

　　　　　　　　　https://text.asahipress.com/free/french/coccinelle/index.html

　本書は友谷、中畑、山上の3人が分担執筆し、次にルコントを加えた4人で内容を修正しました。とりわけルコントは、フランス語のチェックを入念に行いました。また、コラム1と3は中畑、2は友谷、4を山上が担当しました。

　本書の企画、構成からページデザインや装幀など、制作の全過程にわたって、朝日出版社編集部の石井真奈さんには大変お世話になりました。見やすく使いやすい教科書に仕上がったのは彼女のおかげです。記して心から感謝申し上げます。

　本書のフランス語タイトル Coccinelle は、てんとう虫という意味です。フランスには、てんとう虫は未来を予言し、幸福をもたらすという伝説があります。日本語タイトル「ななつ星」は、てんとう虫の背中の模様にちなんでつけました。みなさんが本書によってフランス語やフランス語圏の文化に興味をもち、末永く勉強を続けていかれることを切に願っています。

2018年9月　著者一同

　付記：フランスでは、2016年10月以後刊行の学校教科書に「新しいつづり字」が導入されています。簡単に言うと、従来よりも発音と文字の関係を単純化し、たとえば、il connaît を il connait、oignon を ognon、événement を évènement と記すことを許容する新規則です。ただ、このつづり字に従うことは義務ではなく、一般化するまでには相当の時間がかかると予想され、また、初学者のみなさんに2つのつづり字を同時に示すのは混乱のもとになりますので、本書ではすべての語を現行のつづり字のみで表記します。新規則について詳しく知りたいかたは、ミシェル・サガズ／常磐僚子著『フランス語新つづり字ハンドブック』（白水社、2018年）を参照してください。

音声はこちら（ストリーミング・mp3 ファイル）

https://text.asahipress.com/free/french/coccinelle/index.html

目 次

Leçon 1	文字と発音	2
Leçon 2	名詞の性と数／不定冠詞・定冠詞／提示表現	4
	🍀 2語をつなぐ発音の規則	
Leçon 3	主語人称代名詞／動詞 être／形容詞の用法 (1)	6
	🍀 挨拶の言葉・国名と形容詞	
Leçon 4	第1群・第2群規則動詞／形容詞の用法 (2)／定冠詞の縮約	8
Leçon 5	動詞 avoir／数詞 (1)：1〜69／曜日・月・季節／部分冠詞	12
	🍀 色	
Leçon 6	否定文／否定の冠詞 de／動詞 aller, venir／近接未来・近接過去	14
Leçon 7	準助動詞 vouloir, pouvoir, devoir／指示形容詞／所有形容詞／人称代名詞強勢形	16
Leçon 8	動詞 partir, voir, offrir／疑問文／疑問副詞／疑問形容詞	20
Leçon 9	動詞 faire, lire, écrire, attendre, recevoir／非人称の il／疑問代名詞	22
Leçon 10	動詞 prendre, tenir, savoir, connaître／命令形／数詞 (2)：70〜100	24
Leçon 11	形容詞・副詞の比較級と最上級／関係代名詞	28
Leçon 12	目的語人称代名詞／直説法複合過去／受動態	30
Leçon 13	指示代名詞／直説法半過去／代名動詞	32
Leçon 14	強調構文／中性代名詞 le, y, en／直説法単純未来	36
Appendice	条件法現在／条件法過去／直説法大過去／直説法前未来／直説法単純過去／接続法現在／所有代名詞／数詞 (3)：101〜10 000／序数	38
動詞変化表		41

コラム 映画の中のパリ

1 カフェで過ごすひととき：『パリ・ジュテーム』ほか	10
2 パリとヘプバーン：『麗しのサブリナ』	18
3 友愛のイコノグラフィー：『パリ空港の人々』	26
4 まるで異質な二人の友情：『最強のふたり』	34

Leçon 1　文字と発音

1　alphabet アルファベ（ギリシャ語最初の2文字 αβ から）　♪2

A a [a] ア	B b [be] ベ	C c [se] セ	D d [de] デ	E e [ə] ウ
F f [ɛf] エフ	G g [ʒe] ジェ	H h [aʃ] アッシュ	I i [i] イ	J j [ji] ジ
K k [ka] カ	L l [ɛl] エル	M m [ɛm] エム	N n [ɛn] エヌ	O o [o] オ
P p [pe] ペ	Q q [ky] キュ	R r [ɛr] エール	S s [ɛs] エス	T t [te] テ
U u [y] ユ	V v [ve] ヴェ	W w [dubləve] ドゥブルヴェ		X x [iks] イクス
Y y [igrɛk] イグレック		Z z [zɛd] ゼッド		

・g「ジェ」と j「ジ」は英語と逆
・h「アッシュ」は常に発音されない。　Hugo, Le Havre, Hermès
　　有音の h と無音の h の区別がある。　（有音の h の例：héros, haut）
・o と e が並ぶとしばしば œ と綴る（合字）。　cœur, Œdipe

2　綴り字記号　♪3

´ accent aigu アクサン・テギュ　é	` accent grave アクサン・グラーヴ　à, è, ù
^ accent circonflexe アクサン・シルコンフレックス　â, ê, î, ô, û	
¨ tréma トレマ　ë, ï, ü	¸ cédille セディーユ　ç

・アクサンはすべて、e についている時、「エ」と読む。　été, très, forêt
　a, i, o, u につく場合、発音はそれぞれの母音の通り。　là, île, tôt, bûche
・セディーユは ca, co, cu の c について、[s] の音となる。　français, leçon, reçu
・トレマは複母音字を分ける。　haïr, maïs

3　綴り字と発音

・原則的に語末の子音字は発音されない。　alphabet アルファベ。
　ただし c, f, l, r は発音される場合がある。　avec, neuf, miel, clair
・原則的に母音に長短はないが、語末を軽く「ウ」と読む時、その一つ前の母音がやや長い。
　japonais ジャポネ、japonaise ジャポネーズ、aimer エメ、je t'aime ジュテーム

1) 母音字の発音

- 単母音字　♪4

a, à, â [a]	ア	papa, déjà, âme
e [ə]	ウ	de, ce, me, le, petit, je
e [e] [ɛ]	エ	et, mer, sec, objet
é, è, ê, ë [e] [ɛ]	エ	vélo, mère, fête, Noël
i, î, y [i]	イ	lit, dîner, style
o, ô [o] [ɔ]	オ	mot, hôtel
u, û [y]	ユ	du, sûr

※音節の中で

―e ＝ウ　　　　　je
―e ＋子音＝エ　　objet

- 複母音字　♪5

ai, ei [ɛ]	エ	j'ai, aimer, la Seine
au, eau [o]	オ	pauvre, gâteau
eu, œu [ø, œ]	ウ	ceux, peu, peur, sœur
ou [u]	ウ	sous, pour, bonjour
oi [wa]	ワ	toi, étoile, oiseau

「エイ」ではない！

- 鼻母音　♪6

am, an, em, en [ã]	アン	tante, temps, enfant
im, in, ym, yn [ɛ̃]	アン	faim, fin, sympa
um, un [œ̃]	アン	parfum, lundi
om, on [ɔ̃]	オン	nom, non, oncle

- 半母音

i + 母音字 [j]		piano, violon
u + 母音字 [ɥ]		nuit, lui
ou + 母音字 [w]		oui, silhouette

2) 子音字の発音

c （＋ e, i, y）[s]	ス	ceci, cycle
c （＋その他）[k]	ク	coca, cuisine
g （＋ e, i, y）[ʒ]	ジュ	rouge, magie, Égypte
g （＋その他）[g]	グ	gare, goût, guide, vague
s [s]	ス	poisson, dessert
（母音＋s＋母音の場合のみ [z] ズ）		poison, liaison
ch [ʃ]	シュ	cheval, Chanel（時に [k] ク　écho, chœur）
gn [ɲ]	ニュ	signature, montagne
ph [f]	フ	photo, physique
qu [k]	ク	qui, quand, musique
th [t]	トゥ	thé, théâtre, théorie
il(ill) [j]	ユ	travail, soleil, fille（時に [il] イル　ville, mille）
x [ks] [gz]	クス、グズ	taxi, exemple

Leçon 2　名詞の性と数／不定冠詞・定冠詞／提示表現

1　名詞の性と数　♪7

・フランス語の名詞はすべて、文法上の性（男性か女性）を持つ。

　　男性 (*m.*)　:　homme　　garçon　　arbre　　musée　　soleil
　　女性 (*f.*)　:　femme　　fille　　fleur　　école　　terre

・複数形は原則として［単数形 + s］。この s は発音されないので、単数 (*s.*)・複数 (*pl.*) の発音は全く同じ（会話では、冠詞によって、単複が区別できる）。

　　homme → homme*s*　　femme → femme*s*　　fleur → fleur*s*

2　不定冠詞・定冠詞

1) 不定冠詞　♪8

	s.	pl.
m.	un	des*
f.	une	

un‿arbre　　　des‿arbres
une fleur　　　des fleurs
un‿homme　　des‿hommes
une‿école　　des‿écoles

＊複数形の des は時に de となる（leçon 3）。

2) 定冠詞　♪9

	s.	pl.
m.	le (l')*	les
f.	la (l')*	

le garçon　　　les garçons
la fille　　　les filles
l'homme　　　les‿hommes
l'école　　　les‿écoles

＊ le と la は母音（または無音の h）で始まる語の前でエリジオン

　不定冠詞は、ある名詞のひとつ（または数個）を指す。また、その名詞が話し手に了解されていないことを示す。　Tiens ! *un* chat !　あ、（何か知らない）猫だ！

　定冠詞は、唯一物や、名詞の総称「〜というもの」を指す。また、その名詞が話し手に了解されていることを示す。　Voilà *le* chat !　ほら、（例の）猫だよ。

3　提示表現　♪10

Voici une fleur, et *voilà* un chapeau.
C'est‿un arbre. *Ce sont* des arbres.
Ici, *il y a* un musée. Et là, *il y a* des restaurants.　　　　　ici : ここ　　là : あそこ

　voici… voilà… は何かを提示して聞き手の注意を引く語（「ほら、ここに…が」、「ほら、あそこに…が」）。遠 voilà 近 voici の区別があるが、voilà の方が頻度が高い。

　c'est… ce sont…「これは〜です」の意。単数名詞に c'est, 複数名詞に ce sont を用いる。

　il y a… は英語の there is, there are に相当。英語と違って単複の区別がない。

EXERCICES

1. 以下の単語に適切な不定冠詞をつけ、意味を書きなさい。
   1) (　　　) père _____　　2) (　　　) mère _____
   3) (　　　) frères _____　　4) (　　　) sœurs _____
   5) (　　　) fenêtre _____　　6) (　　　) hôtel _____

2. 以下の単語に適切な定冠詞をつけ、意味を書きなさい。
   1) (　　　) travail _____　　2) (　　　) main _____
   3) (　　　) tête _____　　4) (　　　) hôpital _____
   5) (　　　) œil _____　　6) (　　　) yeux _____

3. (　　) 内に適切な不定冠詞か定冠詞を入れなさい。
   1) ほらあそこ、エッフェル塔があるよ！　　Là, il y a (　　　) tour Eiffel !

   2) やっとピエールの息子が来た！　　Enfin ! voilà (　　　) fils de Pierre !

   3) 『めまい』はアメリカ映画のひとつです。　　*Vertigo*, c'est (　　　) film américain.

2語をつなぐ発音の規則　♪11

1. リエゾン（liaison）
本来は発音しない語末の子音を、母音（または無音の h）で始まる次の語とつなげて読むこと。-s, -x は [z] で、-d は [t] で発音する。
　　　　un‿enfant　des‿enfants　deux‿hommes　un grand‿homme
　　　　vous‿êtes　en‿hiver　　　　　　　　（有音の h の場合は起きない。les / héros）

2. アンシェヌマン（enchaînement）
単独でも発音される語末の子音を、母音（または無音の h）で始まる次の語と結んで、なだらかに読むこと。
　　　　il⌢est　elle⌢a　une⌢heure　quel⌢âge　（有音の h の場合は起きない。un / héros）

3. エリジオン（élision）
語末の母音を落として、母音（または無音の h）で始まる語とアポストロフでつなぐこと。ce, de, le, la, ne, je, me, te, se, que, si で起きる。
　　　　ce + est = c'est　le + ami = l'ami　je + ai = j'ai　si + il = s'il（si elle はそのまま）
　　　　　　　　　　　　　　　　　　（有音の h の場合は起きない。○le héros ×l'héros）

Leçon 3　主語人称代名詞／動詞 être ／形容詞の用法 (1)

1 主語人称代名詞「〜は、〜が」　♪12

	s.	pl.
1人称	je (j')	nous
2人称	tu	vous
3人称	il	ils
	elle	elles

- je は、母音（または無音の h）で始まる語の前でエリジオン。（→ p. 5）
- tu は親しい間柄に用いる「きみ」。丁寧に「あなた」と言う場合は vous を用いる。
- 3人称の人称代名詞は、モノを受けることがある。

2 動詞 être（直説法現在）

動詞 être は、「〜である」（性質・属性）と、「〜にいる」（存在）という意味を表す。

être「〜である、〜にいる」　♪13

```
je suis       nous sommes
tu es         vous êtes
il est        ils sont
elle est      elles sont
```

Vous êtes japonais ? — Oui, nous sommes japonais.
Tu es anglaise ? — Non, je suis française.
Il est content ? — Oui, il est très content.
Ils sont à Paris. Et elles* ? — Ah elles*, elles sont à Lyon.
(* leçon 7 強勢形)

3 形容詞の用法 (1)　♪14

- **性数変化**：原則的に、女性形＝[**男性形** + e]、複数形＝[**単数形** + s]（この s は発音されない）。

	s.	pl.
m.	grand	grands
f.	grande	grandes

- 男性単数形が e で終わる場合、女性形に e を足さない。
  男性：facile　女性：facile（男女同形）

- 男性単数形が s か x で終わっているものには、男性複数形に s を足さない（単複同形。名詞も同様：bras, choix..., etc.）

	s.	pl.
m.	français	français
f.	française	françaises

- **位置**：原則的に、形容詞の位置は名詞の後。

　　C'est une fille *intelligente*.　　Ce sont des garçons *sympathiques*.

ただし、以下のような若干の、使用頻度が高く、音の短い形容詞は名詞の前に置かれる。
bon, mauvais, grand, petit, jeune, vieux, beau, joli, nouveau, haut..., etc.
また形容詞が複数名詞の前に置かれる時、不定冠詞 des は原則として de (d') に変わる（会話ではあまりなされない）。

　　単数：un grand acteur　　複数：*de* grands acteurs
　　単数：une autre question　　複数：*d'*autres questions

🌸 EXERCICES

1. （　）内に適切な主語人称代名詞を入れ、和訳しなさい。
   1) Bonjour ! (　　　　) sommes allemands. (　　　　) êtes coréens ?
   _____
   2) Salut ! (　　　　) es étudiant ? — Non, (　　　　) suis professeur. — Ah bon ?
   _____
   3) (　　　　) est italien ? — Oui, et puis (　　　　) est médecin. — Ah super* ! (*最高、すごい)
   _____

2. （　）内に être の適切な活用を入れ、和訳しなさい。
   1) La nuit, tous* les chats (　　　　) gris. _____
   2) Vous (　　　　) jeune, Mademoiselle. _____
   3) Tu (　　　　) sympa. — Merci, Monsieur. _____
   4) Madame (　　　　) contente ? — Très contente. _____
   5) Je (　　　　) un peu fatiguée. _____
   6) Nous (　　　　) dans un restaurant chinois. _____

   (*tous すべての)

3. 以下の語群を正しく並べ直して、和訳しなさい。
   1) un, jardin, petit, c'est _____
   2) faciles, ce, des, sont, questions _____
   3) voilà, chambres, de, jolies _____
   4) y, il, a, montagnes, hautes, de _____

🌸 挨拶の言葉　♪15

Bonjour,	Monsieur	
Bonsoir,	Madame	Dupont !
Au revoir,	Mademoiselle	

LÉA :　　Salut Louis ! Ça va ?
LOUIS :　Oui, ça va bien ! Et toi, Léa ?
LÉA :　　Ça va très bien !

🌸 国名と形容詞　♪16

la France	français(e)
l'Allemagne	allemand(e)
l'Angleterre	anglais(e)
les États-Unis	américain(e)
l'Italie	italien(ne)
le Japon	japonais(e)
la Chine	chinois(e)
la Corée	coréen(ne)

Leçon 4　第1群・第2群規則動詞／形容詞の用法 (2)／定冠詞の縮約

1 第1群・第2群規則動詞（直説法現在）

1) 第1群規則動詞（er動詞）

chanter「歌う」♪17

je chante	nous chant**ons**
tu chant**es**	vous chant**ez**
il chante	ils chant**ent**
elle chante	elles chant**ent**

aimer「愛する」♪18

j'aime	nous‿aim**ons**
tu aim**es**	vous‿aim**ez**
il‿aime	ils‿aim**ent**
elle‿aime	elles‿aim**ent**

・動詞の9割が第1群に属す。
・母音（または無音のh）で始まる動詞に注意。
　aimer : j'aime　habiter : j'habite

2) 第2群規則動詞（ir動詞）

finir「終える、終わる」♪19

je finis	nous finiss**ons**
tu finis	vous finiss**ez**
il finit	ils finiss**ent**
elle finit	elles finiss**ent**

・非常に多くの不規則動詞が、第2群と同様の語尾変化を持つ。
　je -s, tu -s, il -t, nous -ons, vous -ez, ils -ent. このパターンにプラスして、第2群では複数人称で［-ss-］があらわれる。
・母音（または無音のh）で始まる動詞に注意。obéir : j'obéis
　※形容詞が動詞化される際、多くが第2群となる。
　　rougir (rouge), maigrir (maigre), grossir (gros)..., etc.

2 形容詞の用法 (2)　♪20

- **特殊な女性形**：男女同形（→ leçon 2 : facile, jeune, etc.）以外の特殊な女性形。

-er → -ère	étranger → étrang*ère*
-f → -ve	actif → acti*ve*
-eux, -eur → -se	heureux → heureu*se*, travailleur → travailleu*se*
子音を重ねる	bon → bon*ne*, gros → gros*se*, gentil → gentil*le*
その他	blanc → blan*che*, doux → dou*ce*, long → lon*gue*

- **特殊な複数形**：名詞と形容詞の特殊な複数形（語尾がsでない）。

-(e)au, -eu → -x	beau → beau*x*, réseau → réseau*x*, cheveu → cheveu*x*
-al, -ail → -aux	social → soci*aux*, cheval → chev*aux*, travail → trav*aux*

- **男性単数第2形**：beau, nouveau, vieux は、女性形が特殊であり（**belle, nouvelle, vieille**）、かつ母音（または無音のh）の前で男性単数第2形（**bel, nouvel, vieil**）を持つ。
　un *beau* garçon, un *bel* homme, une *belle* femme

	s.	pl.
m.	beau (bel)	beaux
f.	belle	belles

3 前置詞 à (at, to), de (from, of) と定冠詞の縮約　♪21

à + le = *au*　à + les = *aux*　de + le = *du*　de + les = *des*　（la, l' では起こらない）
un café *au* lait, une tarte *aux* pommes, l'histoire *du* Japon, la couleur *des*‿yeux

EXERCICES

1. (　　) 内の動詞を適切な活用にした上で、和訳しなさい。

   1) Nous (aimer　　　　　　　　　) bien la cuisine italienne.
   _____

   2) Allô ? J' (arriver　　　　　　　　　) bientôt à la Gare du Nord.
   _____

   3) Les enfants (grandir　　　　　　　　　) trop vite, à mon avis*.（*私の考えでは）
   _____

   4) Vous (choisir　　　　　　　　　) toujours le mauvais chemin.
   _____

2. (　　) 内の形容詞を適切な形にして正しい位置におき、さらに不定冠詞をつけなさい。

   1) homme (vieux)　年取った男　_____
   2) vie (heureux)　幸せな人生　_____
   3) garçons (beau)　ハンサムな青年たち　_____
   4) magasin (grand)　大きな店、デパート　_____
   5) vague (nouveau)　新たな波　_____

3. 以下の前置詞と定冠詞を適切な形にした上で、和訳しなさい。

   1) Il préfère* le cinéma (à + le =　　　　) théâtre.（*préférer A à B : B より A を好む → 活用表 8）
   _____

   2) Tu passes (à + la =　　　　) télé demain ? Mais c'est formidable !
   _____

   3) Nous habitons maintenant (à + les =　　　　) États-Unis.
   _____

   4) Oh ! c'est la fin (de + le =　　　　) monde ! — Tu exagères…
   _____

   5) Voici l'entrée (de + l' =　　　　) école (de + la =　　　　) ville.
   _____

   6) Voilà les dangers (de + les =　　　　) réseaux sociaux*.（*SNS）
   _____

映画の中のパリ
1

カフェで過ごすひととき

『パリ・ジュテーム』ほか

　映画の都と言われるだけあって、パリをぶらぶら歩いていると、ときどき不意に撮影現場に出会したりします。エッフェル塔近くの瀟洒な通り、さまざまな姿の橋を見上げるセーヌ河岸、リュクサンブール公園の緑の一角、ムフタール通りのだらだら坂を下りた角のカフェなどなど、あっ撮ってるなと思いながら通り過ぎたり、しばらく眺めてみたり…

　だから映画を見ていると、現実のパリの風景と映像とが重なり合って、不思議な気分になるときがあります。有名な観光地よりも、よく行くなんでもない場所が不意にスクリーン上に現れるといっそう強く感じるその感覚。逆に、パリ滞在中、映画のワンシーンを思い出して、脇役のひとりになったかのようなくすぐったさを味わうことも。カフェはそんな空間のひとつです。

Monsieur, un café, s.v.p. !

J'arrive.

カフェ・デ・ムーラン。風車をあしらった真っ赤な店構えが印象的。モンマルトルの住人たちが気軽に立ち寄る、そんなカフェのひとつ。

バー・デ・テアトル。いわゆるセレブたちも気取らずに過ごす場所、それがパリのカフェ。
写真：Everett Collection/アフロ

カフェ・ル・ロスタン。はっとする白が美しいカフェ。テラス席で緑と行き交う人々を眺めるのもまた良し。

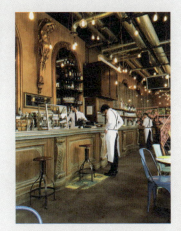

『アメリ』
(2001)
数々の賞を獲った作品、主演のオドレイ・トトゥはその後、世界的な女優となっていく。

　2001年に公開され、フランス映画では久々の大ヒットを記録した『アメリ』には、モンマルトルに実在する「カフェ・デ・ドゥ・ムーラン」が登場しています。映画そのままの雰囲気を漂わせるこのカフェには当時、多くのファンが詰め掛けて、クレーム・ブリュレを味わっては、恋に踏み出せないアメリの気分に浸っていたそうです。2006年にはパリ8区の「バー・デ・テアトル」を舞台にした『モンテーニュ通りのカフェ』が公開。パリに憧れ上京し、シャンゼリゼ大通り近くのこのカフェで働くジェシカを通して、劇場やオークション会場が連なるこの華やかな界隈を彩るセレブたち（célébrité）を、そのさまざまな思いとともに、描きあげています。同じ年には、パリ20区をひとつずつ、日本を含む世界中の監督に割り当て、愛をテーマに1篇わずか5分の短編映画を撮ってオムニバスにした『パリ・ジュテーム』も封切られていて、話題をさらいました。このなかで6区を扱う「カルチェ・ラタン」は、リュクサンブール公園側の「カフェ・ル・ロスタン」を舞台に、長く別居した老夫婦がそれぞれ新たな人生を始める瞬間をエスプリを効かせて演出しています。さりげなく見守るギャルソンの心遣いがなんとも言えない余韻を残すでしょう。

　どの作品もさまざまな人生模様を悲喜交々みごとに描きだしてみせますが、そのための装置としてカフェはなくてはならない空間になっています。フランスでは日常の風景にすっかり溶け込んでいるカフェは、その街に暮らす人々の姿を映す鏡でもあるのです。旅行者であっても、ひととき、テーブルに座ってパリジャンになってみてはいかがでしょうか。

Leçon 5　動詞 avoir／数詞 (1)：1〜69／曜日・月・季節／部分冠詞

1 動詞 avoir（直説法現在）

avoir「〜を持つ」　♪22

j'ai	nous avons
tu as	vous avez
il a	ils ont
elle a	elles ont

・avoir は英語の have に相当。
Tu *as* deux chapeaux blancs et trois jupes bleues.
Elle *a* quatre cousins et six cousines.
Vous *avez* quel* âge ?　— J'*ai* dix-neuf ans.

（* leçon 8 疑問形容詞）

・無冠詞名詞とともにさまざまな成句を作る。　♪23

Il a *froid*, mais elle a *chaud*.　　　　Oh, j'ai *mal* aux yeux, j'ai *peur*, j'ai *besoin* de toi** !
Nous avons *raison*, et vous avez *tort*.　J'ai *envie* de parler comme lui**.　（** leçon 7 強勢形）
Tu as *faim* ? — Non, j'ai *soif*.　　　Il est sept heures*** du matin, ah, j'ai *sommeil*.

（*** leçon 9 非人称の il : 時刻の表現）

2 数詞 (1)：1 un(e) 〜69 soixante-neuf　♪24

1 un(e)	2 deux	3 trois	4 quatre	5 cinq
6 six	7 sept	8 huit	9 neuf	10 dix
11 onze	12 douze	13 treize	14 quatorze	15 quinze
16 seize	17 dix-sept	18 dix-huit	19 dix-neuf	20 vingt

・通常 cinq, six, huit, dix は子音字で始まる語の前で、語末の子音を発音しない。

cinq minutes, huit jours

21 vingt et un	22 vingt-deux	30 trente	31 trente et un
32 trente-deux	40 quarante	41 quarante et un	42 quarante-deux
50 cinquante	51 cinquante et un	52 cinquante-deux	60 soixante
61 soixante et un	62 soixante-deux	63 soixante-trois	69 soixante-neuf

3 曜日・月・季節　♪25

曜日	lundi, mardi, mercredi, jeudi, vendredi, samedi, dimanche
月 (en, au mois de)	janvier, février, mars, avril, mai, juin juillet, août, septembre, octobre, novembre, décembre
季節 (au または en)	(au) printemps, (en) été, (en) automne, (en) hiver

4 部分冠詞「いくらかの〜」　♪26

部分冠詞は、名詞を数的にでなく**量的**に示す。

Je mange *du* pain et *de la* viande.　Il a *du* courage.
Il boit *de l'*eau.　Elle a *de l'*argent.

m.	du (de l')*
f.	de la (de l')*

*母音（または無音の h）の前で de l'

EXERCICES

1. ( ) 内に avoir の適切な活用を入れ、和訳しなさい。
   1) Il (　　　) six cravates vertes et dix pantalons noirs.

   _____

   2) Tu (　　　　) *Le Mystère de la chambre jaune* de Leroux ?

   _____

   3) Elles (　　　　) beaucoup* d'argent, mais très peu* d'amis. (*beaucoup : たくさん、peu : 少し)

   _____

   4) Au printemps, on* (　　　　) envie de danser et de chanter. (*on : 人は。3人称単数扱い)

   _____

   5) Vous (　　　　) mal‿au ventre ? — Non, j'(　　　　) mal‿à la tête.

   _____

2. 日本語に合わせて、( ) 内に適切な冠詞を入れなさい。
   1) あの人、赤ワインと白ワインを同時に飲んでるわ。変ね…
      Il boit* (　　　　) vin rouge et (　　　　) vin blanc en même temps. C'est bizarre…

      (*boire : 活用表 37)
   2) 見ろよ、彼女魚を食べてる！　本当はお肉が好きなのに。
      Tiens ! Elle mange (　　　　) poisson ! Elle aime (　　　　) viande, en fait.
   3) ビールある？　─ううん、でも冷蔵庫に牛乳があるし、もちろん水があるよ。
      Il y a (　　　) bière ? — Non, mais il y a (　　　) lait dans le frigo, et (　　　) eau, bien sûr.
   4) 勇気というものはひとつの美徳だ。君、勇気ある？
      (　　　) courage est (　　　) vertu. Tu as (　　　) courage ?

3. 次の文を和訳しなさい。
   1) Elle a quel âge, Madame Dupont ? — Elle a peut-être* soixante-sept ans. (*おそらく)

   _____

   2) En été, il y a beaucoup de touristes étrangers dans la rue.

   _____

   3) Qu'est-ce que* vous avez ? — J'ai mal‿au cœur depuis mardi. (*何を？ leçon 9 疑問代名詞)

色	bleu(e)	blanc (blanche)	rouge	(→ *tricolore*)	♪27
	noir(e)	gris(e)	jaune	vert(e)	形容詞として不変：orange　marron

Leçon 6　否定文／否定の冠詞 de／動詞 aller, venir／近接未来・近接過去

1 否定文　♪28

- **動詞の否定形**：　ne (n') + 動詞 + pas

  Je *ne* suis *pas* étudiant. / Elle *n'*aime *pas* le poulet. / Ils *ne* chantent *pas* bien.

- **さまざまな否定の表現**　pas を他の語句に置きかえる

Nous ne sommes *pas du tout* fatigués.	（まったく〜ない）
Vincent *ne* joue *plus* du piano.	（もはや〜ない）
Tu n'écoutes *jamais* de* musique classique ?	（決して〜ない）（* 次項「否定の冠詞 de」）
Émilie *n'*a *qu'*un frère.	（…しか〜ない）
On ne rencontre *personne* dans le quartier le dimanche.	（誰も〜ない）
Je *ne* mange *rien* après minuit.	（何も〜ない）

  ＊personne, rien は文頭にも用いられる。*Personne n'*habite sur Mars. / *Rien n'*est sûr.

2 否定の冠詞 de　♪29

- 否定文中では、直接目的語につく部分冠詞・不定冠詞は de に変わる。

  Je n'achète* jamais *de* légumes.（肯定文：J'achète **des** légumes.）（* acheter：活用表 6）

  Nous n'avons plus *d'*argent.（肯定文：Nous avons **de l'**argent.）

  Il n'y a pas* *de* vent aujourd'hui.（肯定文：Il y a **du** vent aujourd'hui.）

  （* Il n'y a pas は Il y a の否定形）

3 動詞 aller, venir

aller「行く」　♪30

je vais	nous allons
tu vas	vous allez
il va	ils vont
elle va	elles vont

venir「来る」　♪31

je viens	nous venons
tu viens	vous venez
il vient	ils viennent
elle vient	elles viennent

Je **vais** aux États-Unis le mois prochain. / Tu **vas** bien ? — Oui, je **vais** très bien, merci.

Vous **venez** de quel* pays ? — Je **viens** d'Allemagne. （*Leçon 7 疑問形容詞）

Marie **vient** souvent dîner chez nous.（venir + 不定詞：〜しに来る）

4 近接未来・近接過去　♪32

1) **近接未来**：　aller + 不定詞（動詞の原形）

   Le train **va** bientôt arriver. / Ils **vont** finir le travail à dix-sept heures.

   aller +不定詞は「〜しに行く」という意味にもなる。

   Nous **allons** chercher un ami à la gare.

2) **近接過去**：　venir de + 不定詞（動詞の原形）

   Catherine **vient de** quitter son bureau. / Le film **vient de** commencer.

EXERCICES

1. 次の文を否定文に書きかえなさい。

1) La mère de Jean est médecin.
   _____

2) Mélanie téléphone souvent à David.
   _____

3) Il y a du vin dans le verre.
   _____

4) Nous avons de la chance.
   _____

2. 文意に合うように（　）内に語句を入れなさい。

1) Je (　　　　　　　　　　　　) deux euros.
   私は2ユーロしかもっていない。

2) (　　　　　　　　　　　　) de tomate si chère.
   こんなに高いトマトは誰も買わないよ。

3) Virginie (　　　　　　　　　　　　) à Bordeaux.
   ヴィルジニーはもうボルドーに住んでいない。

4) Nous (　　　　　　　　　　　　) de viande.
   私たちは決して肉を食べません。（「食べる」manger : 活用表5）

3. （　）内の動詞を適切な活用にした上で、和訳しなさい。

1) Je (aller　　　　　　　　) acheter du poisson très frais au marché près de* chez moi*.
   (*près de : 〜の近くの（に）　chez moi : 私の家)
   _____

2) Sophie et Marc (aller　　　　　　　　) partir pour la Chine dans* un an.
   (*dans + 時間 : 〜後に)
   _____

3) Nous n' (aller　　　　　　　　) ni* à la mer ni à la montagne en vacances.
   (*ne... ni A ni B : A も B も〜ない)
   _____

4) Laure (venir　　　　　　　　) de sortir du bureau pour aller à la banque.
   _____

5) Vous (venir　　　　　　　　) du Japon ? — Non, je (venir　　　　　　　　) de Corée.
   _____

Leçon 7　準助動詞 vouloir, pouvoir, devoir／指示形容詞／所有形容詞／人称代名詞強勢形

1　準助動詞 vouloir, pouvoir, devoir

vouloir「～したい」♪33

je veux	nous voulons
tu veux	vous voulez
il veut	ils veulent
elle veut	elles veulent

pouvoir「～できる」♪34

je peux	nous pouvons
tu peux	vous pouvez
il peut	ils peuvent
elle peut	elles peuvent

devoir「～しなければならない」♪35

je dois	nous devons
tu dois	vous devez
il doit	ils doivent
elle doit	elles doivent

- 準助動詞 + 不定詞　　（否定形：ne + 準助動詞 + pas + 不定詞）

Tu **veux** visiter Paris ? / Il y a beaucoup de plats dans ce restaurant. Je ne **peux** pas choisir !
Nous **devons** arriver à l'aéroport avant neuf heures du matin. / Il **doit*** être malade. (*devoir：～はずである)

2　指示形容詞 ce「この、あの、その」　♪36

m. s.	f. s.	m. s. pl.
ce (cet)	cette	ces

- 後続の名詞と性数を一致させる。
- ce は母音または無音の h の前では cet となる。

- 英語の this と that（these と those）のような、遠近の区別はない。とくに遠近の区別が必要な場合には、名詞のあとに -ci（近い）、-là（遠い）をつける。

　ce bâtiment, *ces* bâtiments / *cette* robe, *ces* robes / Je préfère *cette* montre-*ci* à *cette* montre-*là*.

3　所有形容詞　♪37

所有者			所有されるもの		
			m. s.	f. s.	m. s. pl.
s.		je	mon	ma (mon)	mes
		tu	ton	ta (ton)	tes
		il / elle	son	sa (son)	ses
pl.		nous	notre		nos
		vous	votre		vos
		ils / elles	leur		leurs

「私の」「君の」「彼／彼女の」など、所有を表す形容詞。後続の名詞の性・数に応じて左の表のように変化する。

- 三人称に関して、所有者の性によってではなく、所有されるものの性によって形が異なることに注意（「彼の母」「彼女の母」はともに sa mère となる）。
- ma, ta, sa は、母音および無音の h の前でそれぞれ mon, ton, son となる。

　mon père / *ta* mère / *mon* amie / *ton* école / raconter *son* histoire / *ton* ancienne voisine

4　人称代名詞強勢形（自立形）　♪38

主語	je	tu	il	elle	nous	vous	ils	elles
強勢形	moi	toi	lui	elle	nous	vous	eux	elles

- 前置詞の後：Je veux passer Noël avec *vous* cette année.
- 対比のために主語や目的語を強調：*Elle*, elle aime le cinéma, mais *lui*, il aime le football.
- 属詞として：Le fils aîné du roi, c'est *lui*.
- 比較の que* の後：Vous êtes plus grand que *moi*.　(*比較 Leçon 10)

EXERCICES

1. （　）内の動詞を適切な活用にした上で、和訳しなさい。
   1) Tu (pouvoir　　　　　) venir chez moi dans une heure ?

   _____

   2) Je ne (vouloir　　　　　) plus travailler avec elle.

   _____

   3) Nous ne (vouloir　　　　　) ni dessert ni fromage.
      （vouloir は他動詞としても用いられる。ni...ni の場合、直説目的語につく不定冠詞 de は省略される）

   _____

   4) On ne (devoir　　　　　) pas fumer ici.（devoir の否定は禁止の意味になる）

   _____

2. （　）内に適切な指示形容詞を入れなさい。
   1) J'aime bien visiter (　　　　) église.
   2) Nous allons réserver (　　　　) hôtel tout de suite.
   3) (　　　　) aimable fille, c'est Brigitte.
   4) Tu choisis (　　　　) dictionnaire-ci ou (　　　　) dictionnaire-là ?

3. 文意に合うように（　）内に人称代名詞強勢形を入れなさい。
   1) 僕はイタリア人だ、で、君は？ — 私はドイツ人よ。
      Je suis italien, et (　　　　) ? — (　　　　), je suis allemande.
   2) もうすぐリュックの誕生日だ。彼にプレゼントを見つけなければ。
      C'est bientôt l'anniversaire de Luc. Je dois trouver un cadeau pour (　　　　).
   3) 彼らがサッカーの国家代表チームの選手たちだ。私たちは彼らを誇りに思う。
      Ce sont (　　　　), les joueurs de l'équipe nationale de football. Nous sommes fiers d'(　　　　).

4. （　）内の主語を用いて文を書きかえなさい（所有形容詞を主語と一致させること）。
   1) Je suis très content de mon école. (ma fille)

   _____

   2) Je téléphone à mes parents chaque week-end. (ils)

   _____

   3) Je rencontre souvent mon ancien mari au supermarché. (elle)

   _____

映画の中のパリ 2

パリとヘプバーン

『麗しのサブリナ』

パリ帰りのサブリナをイメージして撮られた宣伝写真
写真：Everett Collection/アフロ

オードリー・ヘプバーンといえば、極め付けは『ローマの休日』(1953)でしょうが、実は彼女ほどパリのイメージの強いハリウッド女優はほかにいません（実際にフランス語もペラペラでした）。『パリの恋人』(1957)、『昼下りの情事』(1957)、『シャレード』(1963)、『おしゃれ泥棒』(1966)といった作品は、いずれも［ヘプバーン＋パリ＝もうステキ］という公式の映画です。ここでは彼女のパリ物の中でも、『麗しのサブリナ』(1954)を紹介しましょう。

Copyright © 1954 by Paramount Pictures. All Rights Reserved.TM, (R) &
Copyright © 2013 by Paramount Pictures. All Rights Reserved.

ジヴァンシーは『麗しのサブリナ』以降、ヘプバーンお気に入りのデザイナーとなった。次ページのドレスもジヴァンシー。

『パリの恋人』に出てくるサモトラケのニケ。ルーブル美術館所蔵。

同じく『パリの恋人』からオペラ座ガルニエ宮の大階段。オペラが苦手な人でも、オペラ座だけは絶対見るべき。
写真：Collection Christophel/アフロ

『麗しのサブリナ』
(1954)
監督ビリーワイルダーの傑作恋愛映画。パリ帰りのヘプバーンの美しさは完全に常軌を逸している。

　運転手の娘サブリナ（A・ヘプバーン）は、イケメンの色男デイヴィッド（W・ホールデン）に幼い頃から憧れていたが、その真面目な兄ライナス（H・ボガート）の優しさに次第に惹かれはじめ……という物語の、重要な鍵がパリです。冒頭、デイヴィッドに見向きもされないサブリナは、失意のうちに2年間のパリ留学に出ます。パリは何をもたらすのか。それはエレガンスによる少女の変身です。帰国したサブリナの輝くばかりの美しさは、たちまちデイヴィッドを恋の虜（とりこ）とします。美の原石は、パリの魔法によって宝石になったのです。一方、サブリナは仕事一辺倒のライナスには、「バラ色の人生 La vie en rose」の町パリに行くことを勧めます。その気になってパリ行きの船「自由号 La Liberté」の切符を手配するライナスは、食事のあとサブリナからフランス語のミニ・レッスンを受けます。

ライナス　フランス語でなんていうの、「妹は黄色い鉛筆を持っています」。
サブリナ　Ma sœur a un crayon jaune.
ライナス　じゃあ、「弟には可愛い彼女がいます」。
サブリナ　Mon frère a une gentille petite amie.
ライナス　じゃあ、「僕は弟になりたい」。

　間接的な告白に気付いたサブリナは、絶句してこの言葉を訳せませんが、帰路はライナスの助手席に座って、フランス語の恋の歌をそっとくちずさんでいます。« Quand il me prend dans ses bras, il me parle tout bas, je vois la vie en rose... »「あの人の腕の中、あの人のささやきを聞くと、人生はバラ色に見える……」。
　洗練と自由と恋の町。パリは、今も昔も、我々の甘い夢の源泉なのでした。

Leçon 8　動詞 partir, voir, offrir ／疑問文／疑問副詞／疑問形容詞

1　動詞 partir, voir, offrir

partir「出発する」♪39

je pars	nous partons
tu pars	vous partez
il part	ils partent
elle part	elles partent

voir「見る」♪40

je vois	nous voyons
tu vois	vous voyez
il voit	ils voient
elle voit	elles voient

offrir「贈る」♪41

j' offre	nous offrons
tu offres	vous offrez
il offre	ils offrent
elle offre	elles offrent

・partir と同様の活用：dormir「眠る」、sentir「感じる」、servir「使える」、sortir「出かける」
・voir と同様の活用　：revoir「再び見る、再会する」
・offrir と同様の活用：couvrir「覆う」、ouvrir「開く」、souffrir「苦しむ」

　　Léa et Laurent **partent** ensemble pour l'Espagne au mois d'août.
　　Nous **voyons** un grand bâtiment en face de la gare. / Sylvie **offre** une cravate à son père.

2　疑問文　♪42

1) 文末を上げて発音する　　Tu vas bien ? / Vous avez des frères et sœurs ?

2) 文頭に Est-ce que (qu') を付ける
　　Est-ce que vous aimez le cinéma coréen ? / **Est-ce qu'**il habite à Paris depuis longtemps ?

3) 単純倒置：主語が代名詞の場合
　　Êtes-vous étudiante ? / **As-tu** un stylo ?（主語と動詞を倒置し trait-d'union (-) でつなぐ）
　　A-t-elle un parapluie ? / **Téléphone-t-il** souvent à sa sœur ?
　　（主語が il または elle で、動詞の末尾が母音字の場合は、間に -t- を入れる）

4) 複合倒置：主語が普通名詞または固有名詞の場合、次の語順となる。
　　主語 ＋ 動詞 ＋ trait-d'union (-) ＋ 主語と同じ性数の人称代名詞 (il / elle / ils / elles)
　　Arnaud désire-t-il un apéritif ? / **Vos enfants veulent-ils** aller à la plage ?

3　疑問副詞　♪43

・語順パターン：① 文頭ではなく、文中の副詞句の位置に置かれる
　　　　　　　　② 疑問副詞＋est-ce que (qu')＋主語＋動詞
　　　　　　　　③ 疑問副詞＋倒置（単純倒置、複合倒置）

Tu habites *où* ?「どこで」/ Vous partez *quand* ?「いつ」（語順①）
Pourquoi est-ce que vous choisissez cette robe ?「なぜ」（語順②）
Comment va-t-il ?「どのように」/ *Combien de* fois par an Éric visite-t-il Londres ?「いくつの」（語順③）

4　疑問形容詞 quel「どんな、どの、何」　♪44

m. s.	f. s.	m. pl.	f. pl.
quel	quelle	quels	quelles

Quel âge avez-vous ? — J'ai dix-neuf ans.
Quelle est sa nationalité ?
Tu dînes à *quelle* heure ce soir ?

EXERCICES

1. (   ) 内の動詞を適切に活用した上で、和訳しなさい。
   1) Nous (dormir   ) au moins sept heures tous les jours.
   _____
   2) Nos parents (partir   ) en vacances dès demain.
   _____
   3) Il (sortir   ) du bureau tous les jours à huit heures du soir.
   _____
   4) Je (servir   ) du café aux clients ?
   _____
   5) Vous (voir   ) parfois cet écrivain célèbre dans le quartier ?
   _____
   6) Chaque matin elle (ouvrir   ) grand la fenêtre.
   _____

2. 次の文を倒置疑問文に書きかえなさい。
   1) Est-ce qu'il aime le vin blanc ? _____
   2) Tu vois souvent M. Dubois ? _____
   3) Gérard va réussir dans ses affaires ? _____
   4) Louise et Robert jouent ensemble de la guitare ? _____
   5) Il arrive quand ? _____
   6) Vous avez quel âge ? _____
   7) Tu t'appelles comment ? _____
      （t'appelles < s'appeler は代名動詞と呼ばれ、ひとつの動詞として扱う → leçon 13、活用表 7）
   8) Pourquoi est-ce que vous préférez l'hiver à l'été ? _____

3. 疑問副詞または疑問形容詞を用いて、下線部を問う疑問文を作りなさい。
   1) Nous habitons <u>à Strasbourg</u>. _____
   2) Elle part en France <u>mardi prochain</u>. _____
   3) Ils vont au lycée <u>en train</u>. _____
   4) Elle a <u>vingt</u> ans. _____
   5) J'arrive à l'université <u>à onze heures</u>. _____

Leçon 9　動詞 faire, lire, écrire, attendre, recevoir／非人称の il／疑問代名詞

1　動詞 faire, lire, écrire, attendre, recevoir

faire「する、作る」　♪45
je fais	nous faisons [fzɔ̃]
tu fais	vous faites
il / elle fait	ils / elles font

lire「読む」　♪46
je lis	nous lisons
tu lis	vous lisez
il / elle lit	ils / elles lisent

écrire「書く」　♪47
j'écris	nous écrivons
tu écris	vous écrivez
il / elle écrit	ils / elles écrivent

attendre「待つ」　♪48
j'attends	nous attendons
tu attends	vous attendez
il / elle attend	ils / elles attendent

recevoir「受け取る」　♪49
je reçois	nous recevons
tu reçois	vous recevez
il / elle reçoit	ils / elles reçoivent

Je *fais* un gâteau. / Nous *faisons* la cuisine. / Ça *fait* combien ? / Je ne *lis* jamais de romans.
François *écrit* un livre sur Napoléon. / Ils *attendent* le train depuis combien de temps ?
Nous *recevons* un cadeau du père Noël.

2　非人称の il　♪50

1) 天候、時刻を表す
   Quel temps fait-*il* ? — *Il* fait beau [mauvais, chaud, froid]. / *Il* pleut. / *Il* neige.
   Quelle heure est-*il* ? — *Il* est quatre heures vingt [sept heures et demie, neuf heures moins dix]. /
   Il est midi. / *Il* est minuit.

2) Il faut「〜しなければならない」「〜が必要である」
   Il faut changer de train à la prochaine gare. / *Il* ne *faut* pas fumer ici.（il faut + 不定詞）
   Il faut au moins trois heures pour aller à Kyoto.

3) いくつかの自動詞とともに用いられる（意味上の主語は動詞の後）
   Il ne *reste* qu'une baguette dans cette boulangerie.
   Il vaut mieux voir ton professeur pour avoir des conseils.

4) 形式主語構文（il が de + 不定詞や que 以下の節を受ける）
   Il est difficile *de* finir ce travail avant la fin du mois.
   Il semble *qu*'elle ne veut pas sortir ce soir.

3　疑問代名詞　♪51

	主語	直接目的	属詞	前置詞の後
人（「誰？」）	qui qui est-ce qui	qui qui est-ce que	qui	前置詞 + qui
物（「何？」）	qu'est-ce qui	que qu'est-ce que	qu'est-ce que	前置詞 + quoi

・直接目的語として qui, que を用いる場合、主語と動詞の倒置が起こる。
　qui est-ce que, qu'est-ce que を用いる場合は通常の語順となる。

・文頭以外で疑問代名詞を用いると、くだけた表現となる。
　Qui veut ce gâteau ? / *Qu'est-ce qui* ne va pas ? / *Qui* aimes-tu dans la classe ?
　Qu'est-ce qu'elle choisit comme dessert ? / *Qui* est-ce, cette belle femme à droite ?
　Qu'est-ce que c'est ? / C'est *quoi** ? / *À qui* écrivez-vous ? / *De quoi* parle-t-il ?

（*文頭以外で「何？」は quoi となる）

EXERCICES

1. （　）内の主語を用いて文を書きかえなさい。
    1) Vous faites des concerts, quelquefois ? (elles)
    _____
    2) Tu lis le journal tous les jours ? (vous)
    _____
    3) Nous écrivons souvent à nos parents. (ils)
    _____
    4) J'attends des nouvelles de mon fils depuis quelques semaines. (nous)
    _____
    5) Ils reçoivent parfois une lettre de leur école. (je)
    _____

2. 文意に合うように（　）内に語句を入れなさい。
    1) 駅まで徒歩で 20 分かかる。
       (　　　　　　　　　　) vingt minutes (　　　　　　　　) aller à la gare à pied.
    2) 今日はいい天気になるだろう。
       (　　　　　　　　) va (　　　　　　　　　　　　) aujourd'hui.
    3) すぐに本を図書館に返したほうがいいですよ。
       (　　　　　　　　　　　) rendre les livres à la bibliothèque tout de suite.
    4) いまや外国に出かけるのは難しくない。
       Aujourd'hui, (　　　　　　　　　　　　) d'aller à l'étranger.
    5) いま何時？ ― 11 時 5 分前だ。
       (　　　　　　　　　　) est-il ? ― Il est (　　　　　　　　　　).
       (A 時 B 分前：A heure(s) moins B)

3. （　）内に適切な疑問代名詞を入れなさい。
    1) (　　　　　　　　) vous attendez ? ― J'attends mon père.
    2) (　　　　　　　　) vous aimez comme musique ? ― J'aime le jazz.
    3) De (　　　　　　) parlez-vous ? ― Je parle de mon rêve.
    4) (　　　　　　　　) cherchez-vous ? ― Je cherche mon cahier de mathématiques.
    5) Tu donnes à (　　　　　　) ce bouquet de fleurs ? ― Je le donne à ma mère.

23

Leçon 10 動詞 prendre, tenir, savoir, connaître／命令形／数詞 (2)：70〜100

1 動詞 prendre, tenir, savoir, connaître

prendre「取る、乗る」 ♪52

je prends	nous prenons
tu prends	vous prenez
il / elle prend	ils / elles prennent

tenir「つかむ」 ♪53

je tiens	nous tenons
tu tiens	vous tenez
il / elle tient	ils / elles tiennent

savoir「知っている」 ♪54

je sais	nous savons
tu sais	vous savez
il / elle sait	ils / elles savent

connaître「知っている」 ♪55

je connais	nous connaissons
tu connais	vous connaissez
il / elle connaît	ils / elles connaissent

Vous **prenez** un taxi pour aller à l'aéroport. / Ce travail **prend** beaucoup de temps.
Elle **tient** la main de sa fille. / Ils ne **tiennent** jamais leurs promesses.
Nous **savons** que vous ne dites pas la vérité. / Elle ne **sait** pas conduire.
Tu **connais** cette chanson ? / On ne **connaît** pas encore les résultats de l'examen.
　　savoir：「事態（〜であること）を知っている、（技能を）体得している」。
　　connaître：「（ものや人物を）知っている」。

2 命令形

1) 一般的な動詞　♪56

	danser	aller	finir	faire
tu に対する命令	danse	va	finis	fais
nous に対する命令	dansons	allons	finissons	faisons
vous に対する命令	dansez	allez	finissez	faites

・直説法現在の活用形をそのまま用いる。ただし、第 1 群規則動詞および aller の tu に対する命令形では、最後の s を省く（ouvrir, couvrir, offrir なども同様：tu ouvres → 命令形 ouvre）。
　Prends le bus et **achète** le ticket après.
　Allons au bord de la mer dimanche prochain.
　Ne **parle** pas si fort.（否定命令文：動詞を ne と pas ではさむ）

2) 特殊な命令形をとる動詞　♪57

avoir：aie / ayons / ayez　　être：sois / soyons / soyez　　savoir：sache / sachons / sachez
vouloir：veuille / veuillons / veuillez

N'**aie** pas peur. / **Soyons** prudents. / **Sachez** bien qu'il est interdit de fumer dans le train.
Veuillez agréer, Monsieur, l'expression de mes sentiments distingués.
（どうか私の敬意をお受けとりください [=敬具]）

3 数詞 (2)：70 soixante-dix 〜 100 cent　♪58

70	soixante-dix	82	quatre-vingt-deux
71	soixante et onze		…
72	soixante-douze	90	quatre-vingt-dix
	…	91	quatre-vingt-onze
78	soixante-dix-huit	92	quatre-vingt-douze
79	soixante-dix-neuf		…
80	quatre-vingts	99	quatre-vingt-dix-neuf
81	quatre-vingt-un	100	cent

101 以上の数詞
→ p.40

EXERCICES

1. （　　）内の主語を用いて文を書きかえなさい。
   1) Qu'est-ce que tu prends comme plat ? (vous)

   2) Il prend l'avion de quelle heure ? (ils)

   3) Vous tenez toujours votre chat sur vos genoux. (elle)

   4) Savez-vous qu'elle part demain pour Paris ? (tu)

   5) Les habitants de ce village savent bien nager. (nous)

   6) Je connais son fils depuis longtemps. (nous)

2. 次の文を命令文に書きかえなさい。
   1) Tu ne manques pas le train.

   2) Vous n'avez pas peur.

   3) Tu sais bien que la vie n'est pas facile.

   4) Vous ne dites pas la vérité à votre père.

   5) Tu offres un petit cadeau à ton grand-père.

   6) Tu vas en Italie pour étudier l'histoire de l'art.

3. 次の数字をフランス語で言いなさい。
   1) 21 ＿＿＿＿＿＿＿＿＿＿＿　　2) 45 ＿＿＿＿＿＿＿＿＿＿＿
   3) 61 ＿＿＿＿＿＿＿＿＿＿＿　　4) 78 ＿＿＿＿＿＿＿＿＿＿＿
   5) 89 ＿＿＿＿＿＿＿＿＿＿＿　　6) 94 ＿＿＿＿＿＿＿＿＿＿＿

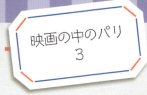
映画の中のパリ 3

友愛のイコノグラフィー

『パリ空港の人々』

« On m'a volé mon bagage à main, où j'avais mis le passeport et le portefeuille ! »

旅先でのパスポートや財布の盗難・紛失は本当に難儀しますね。警察署に届けを出し、大使館で旅券を再発行してもらい、クレジットカードを止め…それから…それから…

ところで、パリのシャルル・ド・ゴール空港には無事に到着（12時間近くのフライトで疲れたなぁ。尚、これは日本から直行便 le vol sans escale で行った場合です）、さてやっと入国手続きをといった段階でそんな事態にもし陥ったら？『パリ空港の人々』（原題は Tombés du ciel）は監督フィリップ・リオレが実体験を基に制作したコメディ映画（1994年公開）です。

フランスとカナダの二重国籍をもつ主人公アルチュロはローマに住む図像学者。ケベックで余生を過ごす年老いた父とクリスマスを過ごしたのち、大晦日のパリに到着。スペイン人の妻が空港まで彼を迎えに来ているのですが、入国審査で実はパスポートがないことを係員に告げるところから物語は始まります。搭乗前、待合室で靴を脱ぎ、うとうとした隙に、すべてが入った鞄、そして靴さえも盗まれてしまったのだ、と。彼は、フランス国籍もあるのだから、なんとかなると高を括っていたのですが…

パスポート・コントロールはいつも緊張します。無愛想は係員の制服のひとつなのか？

建設が始まった当時の大統領の名を冠したパリの空の玄関。ロワシーと呼ばれることもある。ポール・アンドリューが設計した発着ターミナルの奇抜さが話題となった。

写真：ロイター／アフロ

夜のバトー・ムーシュ。セーヌに沿って船上から世界遺産を眺める幸せ！

『パリ空港の人々』
(1994)
実際のドゴール空港でロケを行った壮麗な映像、そして多様な人々の出会いが生じ人間劇が評判となり、ロングランを記録した心打つ作品。

そこの「長椅子 banquette」で... 寝ろ、待て、戻れと繰り返し威丈高にあしらわれるアルチュロ、いったい彼はどうなってしまうのでしょう？

いえいえ、ご安心を。カフカ的迷宮と化した空港に捕われた主人公の脱出劇はこの作品の眼目ではありません。どんなに腹を立てようと、どれほど時間が掛っても、彼はそこを必ず通過できるはずだからです。我々を感動させるのは、彼のように、彼以上に希望もなく、出入国を許されない人々の存在、通過乗客休憩室 (salle de transit) に暮らすアンジェラ、セルジュ、そしてナックたちの逞しくも愁いの刻まれた姿であり、とりわけゾラ少年とアルチュロの心温まる交友でしょう。「身分証明」ができず、さまざまな事情で空港に留まるしかない彼らですが、その限られた空間でも実に自分らしく生きています。

さて、ゾラ少年がどうしても乗ってみたいバトー・ムーシュ。彼らはみんなで空港をこっそり抜け出し、イルミネーション輝く夜のパリ、その中心を流れるセーヌ河まで出かけていくクライマックス。残念ながら最終の遊覧には間に合わず、故障で係留中の船上で新年を迎えるのですが、とても素敵な« Bonne Année ! » の挨拶が交わされます。ぜひご覧あれ。

この映画ではまた、普段は決して見ることのできないド・ゴール空港内の光景が、知らない場所に思いがけず迷い込んだときの、怖いながらもドキドキする好奇心を満足させてくれるはずです。

Cours comme un lapin !!

空港の敷地内にはウサギたちがたくさん棲みついています。

Leçon 11 形容詞・副詞の比較級と最上級／関係代名詞

1 形容詞・副詞の比較級 ♪59

形容詞・副詞のまえに **plus**（優等比較）／ **moins**（劣等比較）／ **aussi**（同等比較）を置くと、比較級になる。また、**que** によって比較の対象を導くことができる。
bon と bien の優等比較はそれぞれ、×plus bon ではなく ○**meilleur**、×plus bien でなく ○**mieux** となる。

　　Il est gentil.　　　　　　→　Il est *plus* gentil / *moins* gentil / *aussi* genti *que* Georges.
　　J'ai une belle montre.　→　J'ai une *plus* belle / *moins* belle / *aussi* belle montre *que* sa montre.
　　Peut-elle bien chanter ?　→　Peut-elle chanter *mieux* / *moins bien* / *aussi bien que* toi ?

beaucoup (de ...) は、plus (de ...) / moins (de ...) / *autant* (de ...) となる。同等比較に注意！
　　Elle boit beaucoup de vin.　→　Elle boit *plus* de / *moins* de / *autant* de vin que moi.

2 形容詞・副詞の最上級 ♪60

「plus（優等比較）／ moins（劣等比較）＋ 形容詞・副詞」のまえに定冠詞を付けて、最上級にする。形容詞の場合、定冠詞は主語あるいは名詞に性・数一致させる。副詞なら、定冠詞はつねに le とする。また、de などによって比較の範囲を導くことができる。

　　Elles sont gentilles.　　　　　→　Elles sont *les plus* / *les moins* gentilles *de* cette ville.
　　C'est une fête.　　　　　　　　→　C'est la fête *la plus* / *la moins* importante *de* l'année.
　　Tu connais un bon dentiste ?　→　Tu connais *le meilleur* / *le moins bon* dentiste *du* quartier ?
　　Elle court vite.　　　　　　　　→　C'est elle qui court *le plus* / *le moins* vite *de* ma classe.

（動詞の最上級は一般的に強調構文［→ Leçon 14］とともに用いられる。）

3 関係代名詞 ♪61

- **qui**：先行詞が関係節の主語になる場合

　　Pour les vacances d'hiver, ma tante loue une maison *qui* donne sur la Méditerranée.
　　Jacques *qui* vient de rentrer du Japon n'est pas encore réhabitué à la vie parisienne.

- **que**：先行詞が関係節の直接目的語になる場合

　　La musicienne *que* nous allons voir cet après-midi habite à la campagne.
　　Ils prennent le plat du jour *que* cet aimable serveur recommande.

- **où**：先行詞に場所または時間を表す語をとる場合

　　Une fois par semaine, elle va au restaurant *où* son oncle travaille comme sommelier.
　　C'est l'heure *où* le cours de français commence.

- **dont**：関係節において先行詞が「de ＋ 名詞」となる場合

　　J'ai un ami français *dont* la mère est musicienne.（la mère de cet ami français）
　　Tu reçois l'aide *dont* tu as besoin ?（tu as besoin de l'aide）

> *Cf.* se souvenir de ...（〜を思い出す）　avoir peur de ...（〜が怖い）　douter de ...（〜を疑う）
> 　　être fier de ...（〜を誇りにしている）　être content de ...（〜に満足している）
> 　　être responsable de ...（［〜に関して］責任のある）

EXERCICES

1. 指示に従って比較級の文に書きかえなさい。
   1) La vie est chère à Tokyo.（パリと同じくらい）_____
   2) Elles sont jolies.（美しい belles というよりも）_____
   3) Les Français boivent beaucoup de vin.（以前 avant ほどは飲まない）_____
   4) Le blanc va bien à Julie.（青 le bleu や赤 le rouge よりもよく）_____
   5) Il mange beaucoup.（私と同じくらい）_____
      Mais je suis mince.（彼ほど細くない）_____

2. 指示に従って最上級の文に書きかえなさい。
   1) C'est Rikako qui peut nager vite.（日本で一番早く）_____
   2) La cuisine française est bonne.（世界一美味しい）_____
   3) Il est grand.（私の友達のなかで一番背が低い）_____
   4) Ces garçons sont intelligents.（このクラス classe で最も賢い）_____
   5) Elle réserve une place.（劇場 théâtre で最も安い）_____

3. (　　) 内に関係代名詞 qui / que を入れなさい。
   1) Connaissez-vous cette dame-là (　　　　) joue du piano ?
   2) La maison de campagne (　　　　) tu vas prêter à ma famille est près de la plage ?
   3) À bout de souffle de Godard est un des films (　　　　) ils adorent.
   4) Cet homme (　　　　) observe les étoiles toutes les nuits est un astronome amateur*.
      (*astronome amateur：アマチュア天文学者)
   5) Nous préférons votre tableau à tous les tableaux (　　　　) cette galerie* expose*.
      (*galerie：ギャラリー　expose <exposer：展示する)

4. (　　) 内に適切な関係代名詞 où / dont を入れなさい。
   1) Monsieur Legrand a un chien méchant (　　　　) on a peur.
   2) J'ai rencontré une fille (　　　　) le père fait des meubles modernes en Italie.
   3) Le jour (　　　　) tu as vingt ans, buvons ensemble ce vin rouge.
   4) Allez-vous voir le film d'amour (　　　　) on parle beaucoup ?
   5) On va rénover cette HLM (　　　　) nous vivons depuis quinze ans.

5. (　　) 内に適切な関係代名詞を入れなさい。
   1) Tu peux recevoir très bientôt la lettre (　　　　) tu attends depuis longtemps.
   2) Le collègue avec (　　　　) je travaille chez Michelin parle bien français, turc* et aussi chinois.
      (*トルコ語)
   3) Alain rentre à Londres, (　　　　) il va assister au mariage de sa cousine.
   4) Donnez aux étudiants tous les conseils (　　　　) ils ont besoin.
   5) Malgré les années (　　　　) passent, le Rohmer me charme.

Leçon 12 　目的語人称代名詞／直説法複合過去／受動態

1 　目的語人称代名詞（直接目的語、間接目的語）　♪62

・動詞の目的語になる名詞を人称代名詞で表わすことができる。目的語人称代名詞は動詞の前におく。

　　Il donne ces fleurs à Jeanne. 　→ Il *les* donne à Jeanne.
　　　　　　直接目的語
　　Il donne ces fleurs à Jeanne. 　→ Il *lui* donne ces fleurs.
　　　　　　　　　　　間接目的語

　　　＊直接目的語、間接目的語の両方を人称代名詞にする場合は、Il *les lui* donne.

・否定文：Il ne *les* donne pas à Jeanne. / Il ne *lui* donne pas ces fleurs.
・倒置疑問文：*Les* donne-t-il à Jeanne ? / Ne *lui* donne-t-il pas ces fleurs ?

	私	君	彼	彼女	私たち	あなたたち	彼ら	彼女ら
直接	me	te	le	la	nous	vous	les	les
間接	me	te	lui	lui	nous	vous	leur	leur

・例のように、le, la, les は物を受けることも可能だが、lui, leur の方はできない。
　　　　　　　　　　　　　　　　　　　　　　　　　　　　　（*cf.* 中性代名詞 y → leçon 14）
　　Mes parents pensent toujours à mon avenir. 　×Mes parents lui pensent toujours.

・肯定命令文では、目的語人称代名詞を動詞の直後に置き、trait-d'union で結ぶ。
　　Donne-*les* à Jeanne. / Donne-*lui* ces fleurs. また、me は moi にする。Donnez-*moi* ces fleurs.

・否定命令文では、語順は平常文と同じ。
　　Ne *me* pose pas de question. / Ne *lui* apprenez pas ce secret.

2 　直説法複合過去　♪63

・助動詞＋過去分詞によって、過去の出来事や経験を表す。
・過去分詞の作り方：① 第1群規則動詞と aller は -er の部分を -é にする。② 第2群規則動詞は -ir の部分を -i にする。その他の動詞については辞書で調べて覚えること。

　　ほとんどの動詞が助動詞に avoir を用いるが、移動や状態の変化を表す自動詞の場合、助動詞として être をとる。このとき、過去分詞は主語に性・数一致させなければならない。

　　Elle mange un croissant. → Elle *a mangé* un croissant. / Dansent-ils ? → *Ont*-ils *dansé* ?
　　Ils vont au cinéma. → Ils *sont allés* au cinéma. / La lettre me revient. → La lettre m'*est revenue*.

> 助動詞に être を用いる主な動詞
> aller　venir　arriver　partir　entrer　sortir　monter　descendre　naître　mourir
> revenir　devenir　tomber　rester など

　　人称代名詞や関係代名詞（que）によって直接目的語が〈avoir＋過去分詞〉のまえに置かれたとき、過去分詞を直接目的語に性・数一致させる必要がある。

　　Il a acheté ces livres. → Il *les* a acheté*s*. / Elle a porté cette robe hier. → Elle *l*'a porté*e* hier.
　　Voilà les chaussures qu'il me donne. → Voilà *les chaussures* qu'il m'a donné*es*.

3 　受動態　♪64

・être ＋ 過去分詞によって、他からの作用を受ける意「〜される」を表す。
・過去分詞は主語に性・数一致させなければならない。
・動作主は par によって導くが、感情や状態など継続的な作用のときは de を用いる。

　　Elle écrit ce livre. → Ce livre *est écrit par* elle. / On ouvre le magasin. → Le magasin *est ouvert*.
　　Paul aime Julie. → Julie *est aimée de* Paul. / Julie n'aime pas Paul. → Paul n'*est pas aimé d*'elle

EXERCICES

1. （　）に適切な目的語人称代名詞を入れなさい。

1) Tu ne m'aimes plus ? — Si, je (　　　) aime toujours de tout mon cœur.
2) Il explique ce projet à ses collègues ? — Non, il ne (　　　) explique pas ce projet.
3) Vous pouvez me prêter ce parapluie ? — Oui, mais n'oublie pas de nous (　　　) rapporter.
4) Jean t'offre-t-il un cadeau ? — Non, pas possible ! Il ne (　　　) offre rien.
5) Voilà Madame de La Fayette. (　　　) connaissez-vous ?

2. 指示に従って、文を書きかえなさい。下線を引いた目的語は人称代名詞にすること。

1) Il vend <u>son vélo</u> à un ami.（Est-ce que を用いた疑問文に）

2) Tu montres ton passeport <u>à cet agent de police</u>.（命令文に）

3) Vous dites <u>la vérité</u> à ma fille.（否定命令文に）

3. 次の動詞の過去分詞を辞書で調べ、覚えなさい。

être [　　]	avoir [　　]	tenir [　　]	voir [　　]
faire [　　]	offrir [　　]	lire [　　]	savoir [　　]
sortir [　　]	naître [　　]	vouloir [　　]	connaître [　　]
mettre [　　]	attendre [　　]	recevoir [　　]	

4. （　）内の動詞を使って複合過去の文を作りなさい。

1) Est-ce que vous (　　　　　) d'accepter cette invitation ? (choisir)*
  (*choisir de + 不定詞：〜することに決める)
2) Nous (　　　　　) cet appartement. (ne pas acheter)
3) Hier, mes parents (　　　　　) pour la France. (partir)
4) Je vous (　　　　　) de faire attention. (dire)
5) L'année dernière, elle (　　　　　) malade. (tomber)
6) Tu (　　　　　) mon portable ? (ne pas voir)

5. 次の文を受動態にしなさい。

1) Mes enfants finissent tous les plats. ＿＿＿＿＿＿
2) Mon oncle apprend ces poèmes à Paul. ＿＿＿＿＿＿
3) Tout le monde la respecte. ＿＿＿＿＿＿
4) Cet événement m'a étonné. ＿＿＿＿＿＿
5) On ne connaît pas bien cet acteur au Japon. ＿＿＿＿＿＿

Leçon 13　指示代名詞／直説法半過去／代名動詞

1 指示代名詞　♪65

- ce：*C'*est Pierre. / *Ce* sont mes chaussures.　属詞や直接目的語にはならない。
  　　関係代名詞の先行詞になることはできる。Fais *ce* que tu veux !
- ceci / cela：Je prends *cela*. / Vous préférez *ceci* à *cela* ?　ceci / cela は対比的に用いられる。
- ça：cela は口語文では ça となる。　*Ça* coûte combien ? — *C'*est vingt-quatre euros.
- celui / celle / ceux / celles：性・数によって使い分ける。
  　　単独では用いず、前置詞＋名詞、関係代名詞、あるいは -ci / -là による限定を伴う。
  　　Ses romans sont moins intéressants que *ceux* de Balzac.
  　　Cette soupe est meilleure que *celle* que nous mangeons tous les jours.
  　　Voici nos deux fils sur la photo.　*Celui-ci* habite à Paris, *celui-là* habite à Londres.

2 直説法半過去

過去に継続中だった行為や動作（〜していた）、過去に反復された行為や習慣（〜したものだった）を表す。直説法現在 nous の活用から語尾 (-ons) を取り、代わりに直説法半過去の活用語尾 (-ais, -ais, -ait, -ions, -iez, -aient) を付ける。ただし、être の語幹は例外で、ét となる。

habiter ♪66		réfléchir ♪67		être ♪68	
j' habit**ais**	nous habit**ions**	je réfléchiss**ais**	nous réfléchiss**ions**	j' ét**ais**	nous ét**ions**
tu habit**ais**	vous habit**iez**	tu réfléchiss**ais**	vous réfléchiss**iez**	tu ét**ais**	vous ét**iez**
il habit**ait**	ils habit**aient**	il réfléchiss**ait**	ils réfléchiss**aient**	il ét**ait**	ils ét**aient**
elle habit**ait**	elles habit**aient**	elle réfléchiss**ait**	elles réfléchiss**aient**	elle ét**ait**	elles ét**aient**

Quand il y a eu le tremblement de terre, il pren*ait* une douche.
Ils av*aient* trois ans, quand leur sœur est née.
Quand nous ét*ions* lycéens, nous bavard*ions* de la pluie et du beau temps* après la classe.
　　　　　　(*bavarder de la pluie et du beau temps：とりとめのないお喋りをする)

3 代名動詞　♪69

主語と同じ人・物を示す目的語代名詞（再帰代名詞 se）を伴う動詞。再帰代名詞は主語にあわせて変化させなければならない。複合過去にする場合、助動詞は être を用いる（se が直接目的語の場合、過去分詞は主語の性・数に一致する）。次の４つの用法がある。

1) 再帰的用法：「自分を／自分に〜する」
   Ils **se lavent** les mains.　　　　　Elle **se lève** à six heures.
   Il **se sont lavé** les mains.　　　　Elle **s'est levée** à six heures.
   （se が直接目的語の場合、過去分詞は主語の性数に一致する。）

2) 相互的用法：「お互いに〜し合う」（主語は複数）
   Elles **s'aiment** beaucoup.　　　　Nous **nous téléphonons** souvent.
   Elles **se sont aimées** beaucoup.　Nous **nous sommes téléphoné** souvent.

3) 受動的用法：「〜される」（主語は無生物）
   Ça **se mange** ?　　Cette nouvelle va **se savoir** tout de suite.　　La tour Eiffel **se voit** de loin.

4) 本質的用法：
   Je **me souviens** bien de mon enfance.　　Ils **se sont** souvenus de leur enfance.
   Elle **s'en** est **allée*** en vacances.　　　　**Allez-vous**-en* !
   　　　　　　　　　　(*s'en aller：立ち去る)

EXERCICES

1. （　）内に適切な指示代名詞を入れなさい。
   1) Vous choisissez (　　　　　　　) ou (　　　　　　　　　) ?
   2) Voilà des gâteaux. Prends (　　　　　　　) que tu préfères.
   3) Nous avons ces deux chaises. Vous aimez (　　　　　　　) ou (　　　　　　　) ?
   4) Elle a tout (　　　　　　　) dont elle a besoin. Mais elle veut tout (　　　　　　　) qui lui plaît.
   5) (　　　　　　　) qui ont écouté ce concert ont été tous impressionnés*.
      (*impressionné < impressionner 強い印象を与える)

2. （　）内の動詞を適切な直説法半過去の活用にした上で、和訳しなさい。
   1) Avant, nous (　　　　　　　) l'Europe en train. (voyager)
   2) Elle (　　　　　　　) le dîner, quand son mari est rentré. (finir)
   3) Tu (　　　　　　　) tous les jours ce métro pour aller au lycée ? (prendre)
   4) Quand on a sonné, ils (　　　　　　　) la chambre. (faire)
   5) Je les (　　　　　　　) souvent à la gare. (attendre)

3. （　）内の動詞を適切に活用させなさい。（複合過去 ou 半過去に注意）
   1) À Paris, François et moi, nous (　　　　　　　) au cinéma cinq fois par semaine. (aller)
   2) (　　　　　　　) -vous un journal, pendant que nous (　　　　　　　) un cadeau ? (lire / choisir)
   3) Quand j'(　　　　　　　) petite, ma mère m'(　　　　　　　) faire du ski. (être / emmener)
   4) Comme il (　　　　　　　) mauvais, nous (　　　　　　　) en voiture. (faire / ne pas sortir)
   5) Tu (　　　　　　　) quinze ans, quand tes frères jumeaux* (　　　　　　　) ? (avoir / naître)
      (*双子の)
   6) Ils (　　　　　　　) à Nice pendant trois ans. / Avant, ils (　　　　　　　) à Nice. (habiter)

4. （　）内の代名動詞を指示に従って活用させ、意味を考えなさい。
   1) Je (　　　　　　　) de mon premier amour. (se souvenir：現在形)
   2) Vous (　　　　　　　) comment ? (s'appeler：現在形)
   3) Nous (　　　　　　　) un grand repas ! (s'offrir：現在形)
   4) Vous (　　　　　　　) depuis quand ? (se connaître：現在形)
   5) Le français (　　　　　　　) à Montréal. (se parler：現在形)
   6) Magalie et son élève (　　　　　　　) pendant vingt ans. (s'écrire：複合過去)
   7) Tes fils (　　　　　　　) de bonne heure ? (se coucher：複合過去)
   8) Cette cravate (　　　　　　　) bien. (se vendre：複合過去)

映画の中のパリ
4

まるで異質なふたりの友情

『最強のふたり』

映画『最強のふたり』（2011年公開、原題 *Intouchables*）は、フランスで観客動員数史上3位（フランス映画に限れば2位）を記録。笑えて心温まる大傑作です。

フィリップは富豪で重度の身体障がい者。新しく彼の介護係を選ぶための面接に、郊外の貧しい地区の出身で、横柄でぞんざいな口をきく黒人青年ドリスが現れます。フィリップは大勢の候補のなかからドリスを採用します。以後、まったく違う世界に住むふたりが、無二の親友になっていきます。これは実話をもとにした物語だそうです。どうしてこんなことがありえるのでしょうか…

郊外にある RER の駅 Nanterre-Université 。超近代的！
© Mairie de Nanterre

Ancune pitié, c'est exactement ce que je veux.

（あいつの同情心のないところがいいんだ）

サンゴール歩道橋を疾走する「最強のふたり」　写真：Visual Press Agency/アフロ

郊外のHLM（公団住宅）

> 『最強のふたり』
> （2011年）
>
> ドリス役のオマール・シーはセザール賞の主演男優賞に輝く。

リュクサンブール公園（日なたぼっこや読書に最適）

下から見たサンゴール歩道橋（河岸に降りられる）

　それは、ドリスだけが、フィリップを障がい者だからといって特別扱いせず、彼と対等につき合おうとするからです。フィリップは友人に告げます。「ドリスの同情心のないところ（aucune pitié）がいいんだ」と。ドリスはクラシック音楽の演奏会でストリートダンスを披露したり（ここは名場面！）、フィリップに大麻を勧めたり、無免許でスポーツカーをぶっ飛ばしたりしますが、この一見粗暴なふるまいには、実は温かい心配りが満ちています。ドリスがフィリップに伝えたかったのは、背伸びせず、卑屈にならず、ありのままの自分であれというメッセージでした。それは最後の場面で明らかになるでしょう。

　さて、この映画には多くのパリの風景が登場します。ドリスの住む郊外の集合住宅、RER（高速地下鉄）のナンテール＝大学駅、高級宝飾店がならぶ1区のヴァンドーム広場、7区のオランダ大使邸宅（映画ではフィリップの住居）、6区のリュクサンブール公園、などなど。地区ごとにまったく違う相貌をもつ多様なパリをかいま見ることができるでしょう。私のおすすめは、セーヌ川にかかるサンゴール歩道橋（旧名ソルフェリーノ橋）です。フィリップがドリスといっしょにこの橋の上で新しい電動車いすの走り心地を試します。オルセー美術館とチュイルリー公園をつなぐ絶好の場所にあります。見晴らしも最高。ぜひ訪れてみてください。

Leçon 14　強調構文／中性代名詞 le, y, en／直説法単純未来

1　強調構文　♪70

- 主語を強調する場合：C'est... qui...（qui の後の動詞は主語の人称に一致）
  C'est moi qui fais la cuisine ce soir. / C'est nous qui devons vous remercier.
- 主語以外の要素を強調する場合：C'est... que...
  C'est ce film que je veux voir. / C'est à Anne que je donne ma place.

2　中性代名詞 le, y, en　♪71

- 性・数の変化をしない。文中の位置は、目的語人称代名詞と同様、動詞（準助動詞）の直前。
  ただし、他の代名詞と同時に用いられるときは、それらより後に置く。

1) le : 形容詞、不定詞、文や節の内容を受ける。

   Ils sont prêts ? — Oui, ils *le* sont.
   Tu vas rentrer avant cinq heures. — Oui, je te *le* promets.
   Il sait que tu es mariée ? — Non, il ne *le* sait pas.

2) y : ① 〈à＋名詞、不定詞、節〉などを受ける。
   ② 〈場所を表す前置詞（dans, chez など）＋名詞〉を受ける。

   Vous pensez à l'avenir de vos enfants ? — Oui, j'*y* pense bien.
   Tes parents vont-ils en Suisse en vacances ? — Non, ils n'*y* vont pas.

3) en : ① 〈de＋名詞、不定詞節〉などを受ける。
   ② 〈部分冠詞、不定冠詞、数形容詞、数量副詞＋名詞〉を受ける。

   Tu penses que je vais réussir au concours ? — Oui, j'*en* suis sûr !
   Je vais faire du café. Tu *en* veux ? / Ils ont des enfants ? — Oui, ils *en* ont deux.

3　直説法単純未来

donner　♪72

je donnerai	nous donnerons
tu donneras	vous donnerez
il / elle donnera	ils / elles donneront

finir　♪73

je finirai	nous finirons
tu finiras	vous finirez
il / elle finira	ils / elles finiront

avoir　♪74

j' aurai	nous aurons
tu auras	vous aurez
il / elle aura	ils / elles auront

être　♪75

je serai	nous serons
tu seras	vous serez
il / elle sera	ils / elles seront

- 活用語尾（-rai, -ras, -ra, -rons, -rez, -ront）はすべての動詞に共通。
- -er 動詞、-ir 動詞の語幹は、原則として不定詞から末尾の -r をとる。donne-, fini- など。
- その他は不規則：aller → j'i*rai* / venir → je vien*drai* / faire → je ferai / dire → je di*rai* /
  voir → je ver*rai* / savoir → je sau*rai* / prendre → je prend*rai* など。
- 未来の行為、動作、出来事、予定、意思などを表す。

  Nous **aurons** le temps de déjeuner dans un restaurant en chemin.
  Je **me promènerai*** dans le parc. (*promener → je promènerai　活用表 6)
  Tu **feras** attention aux voitures* !（*2人称で軽い命令を表す。）

EXERCICES

1. 下線部を強調する文に書きかえなさい。

   1) <u>Je</u> suis responsable du groupe.
   _____

   2) Nous habitons <u>à Marseille</u>.
   _____

   3) Ils vont en Italie <u>pour visiter les musées</u>.
   _____

   4) Je présente <u>Catherine</u> à mes collègues.
   _____

2. ( ) 内に適切な中性代名詞を入れなさい。( ) の前の ne は n' になる場合がある。

   1) Son équipe préférée a gagné hier soir, et il (   ) est très content.
   2) Je peux entrer ? — Oui, vous (   ) pouvez.
   3) Je crois qu'elle n'habite plus dans l'appartement que nous avons visité il y a plusieurs années.
      — Si, elle (   ) habite toujours.
   4) Tu veux encore du thé ? — Merci, je ne (   ) veux plus.
   5) Il y a une petite pharmacie à côté de la poste. — C'est vrai ? Je ne (   ) savais pas.

3. ( ) 内の動詞を直説法単純未来の適切な活用にした上で、和訳しなさい。

   1) Nous (rester   ) à la maison cet après-midi.
   _____

   2) Mes parents (venir   ) me voir le mois prochain.
   _____

   3) J' (aller   ) te chercher à la gare à neuf heures moins le quart.
   _____

   4) Tu (se coucher   ) tôt et (dormir   ) bien.
   _____

   5) On (se voir   ) en janvier. Je vous souhaite une bonne fin d'année !
   _____

   6) C'est toi qui (faire   ) le ménage pendant mon absence.
   _____

   7) Vous (être   ) malade si vous continuez de trop boire.
   _____

1　条件法現在
- 条件節（Si...）で現在の事実に反する仮定、また現在もしくは未来で実現しなさそうな仮定を行い、主節でその仮定に基づく現在もしくは未来の結果を述べる。
- 語幹は単純未来と同じで、それに活用語尾（-rais, -rais, -rait, -rions, -riez, -raient）を付ける。

    Si j'avais une semaine de vacances, je parti*rais* pour l'Afrique.
    Qu'est-ce que vous fe*riez*, si vous étiez à Paris ? / S'il faisait beau, nous joue*rions* au foot.

- 条件節なしで、語調を和らげたり、断言を避ける。

    Désolé, je voud*rais* annuler ma réservation... / La SNCF se mett*rait* en grève ce week-end.

2　条件法過去：助動詞（avoir / être）の条件法現在＋過去分詞
- 条件節（Si...）で過去の事実に反する仮定を行い、主節では実現しなかった過去の結果を述べる。

    Si je n'étais pas venu à Paris, je ne me se*rais* pas **marié** avec elle.
    Si Balzac n'avait pas écrit *La Comédie humaine*, j'au*rais* **dirigé** l'entreprise de ma famille.

3　直説法大過去：助動詞（avoir / être）の直説法半過去＋過去分詞
- 複合過去や半過去などで示される過去以前にすでに完了した出来事を表す。

    Quand nous sommes arrivés à la boulangerie, tous les croissants **avaient** déjà **été** vendus.
    Elle a déménagé dans le Midi. Jusqu'alors, elle n'**avait** jamais vu la mer.

4　直説法前未来：助動詞（avoir / être）の直説法単純未来＋過去分詞
- 単純未来などで示される未来以前に完了しているはずの出来事を表す。

    J'**aurai fini** mes devoirs, quand ma mère reviendra de son travail.
    Avant midi, ils ne **seront** pas **arrivés** à l'aéroport.

- 過去の推測、あるいは語調を和らげる。

    Il est encore en retard. Il **se sera couché** tard. / Elle **aura** mal **entendu**.

5　直説法単純過去
- 現在とは関係ないものとして過去の行為・出来事を客観的に表す。この時制は不定詞のかたちに従って3種類の活用がある。

1) -er 動詞と aller

    活用語尾：-ai, -as, -a, -âmes, -âtes, -èrent

    En 1682, Louis XIV, dit « le Roi-Soleil », s'install*a* au château de Versailles.

2) -ir 型動詞、-re 型動詞の大部分、voir とその複合語・派生語、pouvoir など

    活用語尾：-is, -is, -it, -îmes, -îtes, -irent

    Jean-Jacques Rousseau écriv*it* ses *Rêveries du promeneur solitaire* pour lui-même.

2') tenir と venir、およびその複合語・派生語

活用語尾：-ins, -ins, -int, -înmes, -întes, -inrent

Gabrielle Chanel, qui **devint** « Coco », régna sur la mode française.

3) croire とその複合語・派生語、mourir、-re 型動詞の一部（boire, connaître, lire, vivre など）

活用語尾：-us, -us, -ut, -ûmes, -ûtes, -urent

Jeanne la Pucelle véc*ut* et mour*ut,* comme on dit, pour le royaume des lys*.

（*le royaume des lys : フランス王朝）

être と avoir も同じ語尾をとるが、語幹はそれぞれ f- / e- となる。

Un grand nombre des *Nymphéas* f*urent* peints par Claude Monet, impressionniste.

6 接続法現在

・直説法がある行為・出来事を客観的に表すとすれば、接続法では話者が考えることを主観的に表す。期待、称賛、驚き、不安、失望、疑惑、不確実などの表現に関わるとき、また、avant que... や bien que... などの慣用的な接続詞句のなかで用いられる。

・語幹は、直接法現在 3 人称複数から -ent を除いて作るが、不規則な形が多い。être と avoir 以外は共通の活用語尾（-e, -es, -e, -ions, -iez, -ent）をとる。

Nous souhaitons que vous ven*iez* au Japon un jour.
Elle regrette que Paul et Virginie ne *soient* pas là.
Crois-tu qu'elles vienn*ent* ce soir ?
Il ne me semble pas que cela *soit* possible.
J'imagine mal qu'il puiss*e* réussir dans la vie.
Rentrons vite à la maison avant qu'il ne* pleuv*e*.（*虚辞の ne）
Bien qu'elle *ait* de la fièvre, elle veut sortir.

・独立節として用いられ、願望や命令を表す場合がある。慣用句では文頭の Que が省略される。

Que tu réussiss*es* !　　Viv*e* la France !　　Dieu vous béniss*e* !

＊接続法過去、半過去、大過去については説明を割愛する。

7 所有代名詞

・「私のもの」「君のもの」「彼／彼女のもの」など、所有を表す代名詞。所有されるものの性・数によって変化させ、定冠詞とともに用いる。

所有者			所有されるもの			
			m. s.	f. s.	m. pl.	f. pl.
所有者	s.	je tu il / elle	le mien le tien le sien	la mienne la tienne la sienne	les miens les tiens les siens	les miennes les tiennes les siennes
	pl.	nous vous ils / elles	le nôtre le vôtre le leur	la nôtre la vôtre la leur	les nôtres les vôtres les leurs	

Votre bonheur sera *le mien* !
Ces chaussettes ne sont pas *les miennes*, mais *les siennes*.
Ma mère et *la vôtre* s'entendrent bien.
À *la tienne* !

8 数詞 (3)：101 cent un〜10 000 dix mille

101	cent un	1 200	mille deux cents
199	cent quatre-vingt-dix-neuf	1 999	mille neuf cent quatre-vingt-dix-neuf
200	deux cents	2 000	deux mille
201	deux cent un	5 000	cinq mille
299	deux cent quatre-vingt-dix-neuf	9 900	neuf mille neuf cents
1 000	mille	10 000	dix mille

・cent の倍数には s を付けるが、後に数字が続く場合は s を付けない。

・mille にはどのような場合にも s を付けない。

9 序数：「1番目の〜」「2番目の〜」など、事物の順序を表わす。

・原則として数詞に— ième を付ける。deux → deux*ième*, trois → trois*ième*

・語末が e で終わるものは、e を落として、— ième を付ける。quatre → quatr*ième*, onze → onz*ième*

・cinq は語末に u を加える。cinq → cinqu*ième*

・neuf は語末の f を v に変える。neuf → neuv*ième*

・「1番目の〜」は *premier*, *première*、「最後の〜」は *dernier*, *dernière* となる。「2番目の〜」には *second(e)* も用いられる。

À quel étage ? — Votre chambre est au *sixième*.

Nous vivons au *vingt et unième* siècle, à celui de la mondialisation.

動詞変化表

I. aimer
II. arriver
III. être aimé(e)(s)
IV. se lever

1. avoir
2. être
3. parler
4. placer
5. manger
6. acheter
7. appeler
8. préférer
9. employer
10. envoyer
11. aller
12. finir
13. sortir
14. courir
15. fuir
16. mourir
17. venir
18. offrir
19. descendre
20. mettre
21. battre
22. suivre
23. vivre
24. écrire
25. connaître
26. naître
27. conduire
28. suffire
29. lire
30. plaire
31. dire
32. faire
33. rire
34. croire
35. craindre
36. prendre
37. boire
38. voir
39. asseoir
40. recevoir
41. devoir
42. pouvoir
43. vouloir
44. savoir
45. valoir
46. falloir
47. pleuvoir

不定形・分詞形	直　説　法		
I. aimer aimant aimé ayant aimé （助動詞　avoir）	現　　　在 j'　　aime tu　　aimes il　　aime nous　aimons vous　aimez ils　　aiment	半　過　去 j'　　aimais tu　　aimais il　　aimait nous　aimions vous　aimiez ils　　aimaient	単　純　過　去 j'　　aimai tu　　aimas il　　aima nous　aimâmes vous　aimâtes ils　　aimèrent
命　令　法 aime aimons aimez	複　合　過　去 j'　　ai　　aimé tu　　as　　aimé il　　a　　aimé nous　avons　aimé vous　avez　aimé ils　　ont　　aimé	大　過　去 j'　　avais　aimé tu　　avais　aimé il　　avait　aimé nous　avions　aimé vous　aviez　aimé ils　　avaient　aimé	前　過　去 j'　　eus　aimé tu　　eus　aimé il　　eut　aimé nous　eûmes　aimé vous　eûtes　aimé ils　　eurent　aimé
II. arriver arrivant arrivé étant arrivé(e)(s) （助動詞　être）	複　合　過　去 je　　suis　arrivé(e) tu　　es　　arrivé(e) il　　est　arrivé elle　est　arrivée nous　sommes　arrivé(e)s vous　êtes　arrivé(e)(s) ils　　sont　arrivés elles　sont　arrivées	大　過　去 j'　　étais　arrivé(e) tu　　étais　arrivé(e) il　　était　arrivé elle　était　arrivée nous　étions　arrivé(e)s vous　étiez　arrivé(e)(s) ils　　étaient　arrivés elles　étaient　arrivées	前　過　去 je　　fus　arrivé(e) tu　　fus　arrivé(e) il　　fut　arrivé elle　fut　arrivée nous　fûmes　arrivé(e)s vous　fûtes　arrivé(e)(s) ils　　furent　arrivés elles　furent　arrivées
III. être aimé(e)(s) 受動態 étant aimé(e)(s) ayant été aimé(e)(s)	現　　　在 je　　suis　aimé(e) tu　　es　　aimé(e) il　　est　aimé elle　est　aimée n.　sommes　aimé(e)s v.　êtes　aimé(e)(s) ils　sont　aimés elles　sont　aimées	半　過　去 j'　　étais　aimé(e) tu　　étais　aimé(e) il　　était　aimé elle　était　aimée n.　étions　aimé(e)s v.　étiez　aimé(e)(s) ils　étaient　aimés elles　étaient　aimées	単　純　過　去 je　　fus　aimé(e) tu　　fus　aimé(e) il　　fut　aimé elle　fut　aimé e n.　fûmes　aimé(e)s v.　fûtes　aimé(e)(s) ils　furent　aimés elles　furent　aimées
命　令　法 sois aimé(e) soyons aimé(e)s soyez aimé(e)(s)	複　合　過　去 j'　　ai　été　aimé(e) tu　　as　été　aimé(e) il　　a　été　aimé elle　a　été　aimée n.　avons　été　aimé(e)s v.　avez　été　aimé(e)(s) ils　ont　été　aimés elles　ont　été　aimées	大　過　去 j'　　avais　été　aimé(e) tu　　avais　été　aimé(e) il　　avait　été　aimé elle　avait　été　aimée n.　avions　été　aimé(e)s v.　aviez　été　aimé(e)(s) ils　avaient　été　aimés elles　avaient　été　aimées	前　過　去 j'　　eus　été　aimé(e) tu　　eus　été　aimé(e) il　　eut　été　aimé elle　eut　été　aimée n.　eûmes　été　aimé(e)s v.　eûtes　été　aimé(e)(s) ils　eurent　été　aimés elles　eurent　été　aimées
IV. se lever 代名動詞 se levant s'étant levé(e)(s)	現　　　在 je　me　lève tu　te　lèves il　se　lève n.　n.　levons v.　v.　levez ils　se　lèvent	半　過　去 je　me　levais tu　te　levais il　se　levait n.　n.　levions v.　v.　leviez ils　se　levaient	単　純　過　去 je　me　levai tu　te　levas il　se　leva n.　n.　levâmes v.　v.　levâtes ils　se　levèrent
命　令　法 lève-toi levons-nous levez-vous	複　合　過　去 je　me　suis　levé(e) tu　t'　es　levé(e) il　s'　est　levé elle　s'　est　levée n.　n.　sommes　levé(e)s v.　v.　êtes　levé(e)(s) ils　se　sont　levés elles　se　sont　levées	大　過　去 j'　m'　étais　levé(e) tu　t'　étais　levé(e) il　s'　était　levé elle　s'　était　levée n.　n.　étions　levé(e)s v.　v.　étiez　levé(e)(s) ils　s'　étaient　levés elles　s'　étaient　levées	前　過　去 je　me　fus　levé(e) tu　te　fus　levé(e) il　se　fut　levé elle　se　fut　levée n.　n.　fûmes　levé(e)s v.　v.　fûtes　levé(e)(s) ils　se　furent　levés elles　se　furent　levées

直　説　法	条　件　法	接　続　法	
単　純　未　来 j'　　aimerai tu　　aimeras il　　aimera nous　aimerons vous　aimerez ils　　aimeront	**現　　在** j'　　aimerais tu　　aimerais il　　aimerait nous　aimerions vous　aimeriez ils　　aimeraient	**現　　在** j'　　aime tu　　aimes il　　aime nous　aimions vous　aimiez ils　　aiment	**半　過　去** j'　　aimasse tu　　aimasses il　　aimât nous　aimassions vous　aimassiez ils　　aimassent
前　未　来 j'　　aurai　　aimé tu　　auras　　aimé il　　aura　　aimé nous　aurons　aimé vous　aurez　aimé ils　　auront　aimé	**過　　去** j'　　aurais　　aimé tu　　aurais　　aimé il　　aurait　　aimé nous　aurions　aimé vous　auriez　aimé ils　　auraient　aimé	**過　　去** j'　　aie　　aimé tu　　aies　　aimé il　　ait　　aimé nous　ayons　aimé vous　ayez　aimé ils　　aient　aimé	**大　過　去** j'　　eusse　　aimé tu　　eusses　aimé il　　eût　　aimé nous　eussions　aimé vous　eussiez　aimé ils　　eussent　aimé
前　未　来 je　　serai　　arrivé(e) tu　　seras　　arrivé(e) il　　sera　　arrivé elle　sera　　arrivée nous　serons　arrivé(e)s vous　serez　　arrivé(e)(s) ils　　seront　arrivés elles　seront　arrivées	**過　　去** je　　serais　　arrivé(e) tu　　serais　　arrivé(e) il　　serait　　arrivé elle　serait　　arrivée nous　serions　arrivé(e)s vous　seriez　　arrivé(e)(s) ils　　seraient　arrivés elles　seraient　arrivées	**過　　去** je　　sois　　arrivé(e) tu　　sois　　arrivé(e) il　　soit　　arrivé elle　soit　　arrivée nous　soyons　arrivé(e)s vous　soyez　　arrivé(e)(s) ils　　soient　arrivés elles　soient　arrivées	**大　過　去** je　　fusse　　arrivé(e) tu　　fusses　　arrivé(e) il　　fût　　arrivé elle　fût　　arrivée nous　fussions　arrivé(e)s vous　fussiez　　arrivé(e)(s) ils　　fussent　arrivés elles　fussent　arrivées
単　純　未　来 je　　serai　　aimé(e) tu　　seras　　aimé(e) il　　sera　　aimé elle　sera　　aimée n.　　serons　aimé(e)s v.　　serez　　aimé(e)(s) ils　　seront　aimés elles　seront　aimées	**現　　在** je　　serais　　aimé(e) tu　　serais　　aimé(e) il　　serait　　aimé elle　serait　　aimée n.　　serions　aimé(e)s v.　　seriez　　aimé(e)(s) ils　　seraient　aimés elles　seraient　aimées	**現　　在** je　　sois　　aimé(e) tu　　sois　　aimé(e) il　　soit　　aimé elle　soit　　aimée n.　　soyons　aimé(e)s v.　　soyez　　aimé(e)(s) ils　　soient　aimés elles　soient　aimées	**半　過　去** je　　fusse　　aimé(e) tu　　fusses　　aimé(e) il　　fût　　aimé elle　fût　　aimée n.　　fussions　aimé(e)s v.　　fussiez　　aimé(e)(s) ils　　fussent　aimés elles　fussent　aimées
前　未　来 j'　　aurai　été aimé(e) tu　　auras　été aimé(e) il　　aura　　été aimé elle　aura　　été aimée n.　　aurons été aimé(e)s v.　　aurez　été aimé(e)(s) ils　　auront été aimés elles auront été aimées	**過　　去** j'　　aurais　été aimé(e) tu　　aurais　été aimé(e) il　　aurait　été aimé elle　aurait　été aimée n.　　aurions été aimé(e)s v.　　auriez　été aimé(e)(s) ils　　auraient été aimés elles auraient été aimées	**過　　去** j'　　aie　été aimé(e) tu　　aies　été aimé(e) il　　ait　　été aimé elle　ait　　été aimée n.　　ayons été aimé(e)s v.　　ayez　été aimé(e)(s) ils　　aient été aimés elles aient été aimées	**大　過　去** j'　　eusse　été aimé(e) tu　　eusses　été aimé(e) il　　eût　　été aimé elle　eût　　été aimée n.　　eussions été aimé(e)s v.　　eussiez　été aimé(e)(s) ils　　eussent été aimés elles eussent été aimées
単　純　未　来 je　　me　lèverai tu　　te　lèveras il　　se　lèvera n.　　n.　lèverons v.　　v.　lèverez ils　　se　lèveront	**現　　在** je　　me　lèverais tu　　te　lèverais il　　se　lèverait n.　　n.　lèverions v.　　v.　lèveriez ils　　se　lèveraient	**現　　在** je　　me　lève tu　　te　lèves il　　se　lève n.　　n.　levions v.　　v.　leviez ils　　se　lèvent	**半　過　去** je　　me　levasse tu　　te　levasses il　　se　levât n.　　n.　levassions v.　　v.　levassiez ils　　se　levassent
前　未　来 je　　me　serai　levé(e) tu　　te　seras　levé(e) il　　se　sera　levé elle　se　sera　levée n.　　n.　serons　levé(e)s v.　　v.　serez　levé(e)(s) ils　　se　seront　levés elles se　seront　levées	**過　　去** je　　me　serais　levé(e) tu　　te　serais　levé(e) il　　se　serait　levé elle　se　serait　levée n.　　n.　serions　levé(e)s v.　　v.　seriez　levé(e)(s) ils　　se　seraient　levés elles se　seraient　levées	**過　　去** je　　me　sois　levé(e) tu　　te　sois　levé(e) il　　se　soit　levé elle　se　soit　levée n.　　n.　soyons　levé(e)s v.　　v.　soyez　levé(e)(s) ils　　se　soient　levés elles se　soient　levées	**大　過　去** je　　me　fusse　levé(e) tu　　te　fusses　levé(e) il　　se　fût　levé elle　se　fût　levée n.　　n.　fussions　levé(e)s v.　　v.　fussiez　levé(e)(s) ils　　se　fussent　levés elles se　fussent　levées

不定形/分詞形	直説法			
	現在	半過去	単純過去	単純未来
1. avoir もつ ayant eu [y]	j' ai tu as il a n. avons v. avez ils ont	j' avais tu avais il avait n. avions v. aviez ils avaient	j' eus [y] tu eus il eut n. eûmes v. eûtes ils eurent	j' aurai tu auras il aura n. aurons v. aurez ils auront
2. être 在る étant été	je suis tu es il est n. sommes v. êtes ils sont	j' étais tu étais il était n. étions v. étiez ils étaient	je fus tu fus il fut n. fûmes v. fûtes ils furent	je serai tu seras il sera n. serons v. serez ils seront
3. parler 話す parlant parlé	je parle tu parles il parle n. parlons v. parlez ils parlent	je parlais tu parlais il parlait n. parlions v. parliez ils parlaient	je parlai tu parlas il parla n. parlâmes v. parlâtes ils parlèrent	je parlerai tu parleras il parlera n. parlerons v. parlerez ils parleront
4. placer 置く plaçant placé	je place tu places il place n. plaçons v. placez ils placent	je plaçais tu plaçais il plaçait n. placions v. placiez ils plaçaient	je plaçai tu plaças il plaça n. plaçâmes v. plaçâtes ils placèrent	je placerai tu placeras il placera n. placerons v. placerez ils placeront
5. manger 食べる mangeant mangé	je mange tu manges il mange n. mangeons v. mangez ils mangent	je mangeais tu mangeais il mangeait n. mangions v. mangiez ils mangeaient	je mangeai tu mangeas il mangea n. mangeâmes v. mangeâtes ils mangèrent	je mangerai tu mangeras il mangera n. mangerons v. mangerez ils mangeront
6. acheter 買う achetant acheté	j' achète tu achètes il achète n. achetons v. achetez ils achètent	j' achetais tu achetais il achetait n. achetions v. achetiez ils achetaient	j' achetai tu achetas il acheta n. achetâmes v. achetâtes ils achetèrent	j' achèterai tu achèteras il achètera n. achèterons v. achèterez ils achèteront
7. appeler 呼ぶ appelant appelé	j' appelle tu appelles il appelle n. appelons v. appelez ils appellent	j' appelais tu appelais il appelait n. appelions v. appeliez ils appelaient	j' appelai tu appelas il appela n. appelâmes v. appelâtes ils appelèrent	j' appellerai tu appelleras il appellera n. appellerons v. appellerez ils appelleront
8. préférer より好む préférant préféré	je préfère tu préfères il préfère n. préférons v. préférez ils préfèrent	je préférais tu préférais il préférait n. préférions v. préfériez ils préféraient	je préférai tu préféras il préféra n. préférâmes v. préférâtes ils préférèrent	je préférerai tu préféreras il préférera n. préférerons v. préférerez ils préféreront

条件法	接続法		命令法	同型活用の動詞
現在	現在	半過去	現在	（注意）
j' aurais tu aurais il aurait n. aurions v. auriez ils auraient	j' aie tu aies il ait n. ayons v. ayez ils aient	j' eusse tu eusses il eût n. eussions v. eussiez ils eussent	aie ayons ayez	
je serais tu serais il serait n. serions v. seriez ils seraient	je sois tu sois il soit n. soyons v. soyez ils soient	je fusse tu fusses il fût n. fussions v. fussiez ils fussent	sois soyons soyez	
je parlerais tu parlerais il parlerait n. parlerions v. parleriez ils parleraient	je parle tu parles il parle n. parlions v. parliez ils parlent	je parlasse tu parlasses il parlât n. parlassions v. parlassiez ils parlassent	parle parlons parlez	第1群規則動詞 （4型〜10型をのぞく）
je placerais tu placerais il placerait n. placerions v. placeriez ils placeraient	je place tu places il place n. placions v. placiez ils placent	je plaçasse tu plaçasses il plaçât n. plaçassions v. plaçassiez ils plaçassent	place plaçons placez	—cer の動詞 annoncer, avancer, commencer, effacer, renoncer など. (a, o の前で c → ç)
je mangerais tu mangerais il mangerait n. mangerions v. mangeriez ils mangeraient	je mange tu manges il mange n. mangions v. mangiez ils mangent	je mangeasse tu mangeasses il mangeât n. mangeassions v. mangeassiez ils mangeassent	mange mangeons mangez	—ger の動詞 arranger, changer, charger, engager, nager, obliger など. (a, o の前で g → ge)
j' achèterais tu achèterais il achèterait n. achèterions v. achèteriez ils achèteraient	j' achète tu achètes il achète n. achetions v. achetiez ils achètent	j' achetasse tu achetasses il achetât n. achetassions v. achetassiez ils achetassent	achète achetons achetez	—e＋子音＋er の動詞 achever, lever, mener など. （7型をのぞく. e muet を 含む音節の前で e → è）
j' appellerais tu appellerais il appellerait n. appellerions v. appelleriez ils appelleraient	j' appelle tu appelles il appelle n. appelions v. appeliez ils appellent	j' appelasse tu appelasses il appelât n. appelassions v. appelassiez ils appelassent	appelle appelons appelez	—eter, —eler の動詞 jeter, rappeler など. （6型のものもある. e muet の前で t, l を重ね る）
je préférerais tu préférerais il préférerait n. préférerions v. préféreriez ils préféreraient	je préfère tu préfères il préfère n. préférions v. préfériez ils préfèrent	je préférasse tu préférasses il préférât n. préférassions v. préférassiez ils préférassent	préfère préférons préférez	—é＋子音＋er の動詞 céder, espérer, opérer, répéter など. （e muet を含む語末音節 の前で é → è）

不定形 分詞形	直説法 現在	直説法 半過去	直説法 単純過去	直説法 単純未来
9. employer 使う employant employé	j' emploie tu emploies il emploie n. employons v. employez ils emploient	j' employais tu employais il employait n. employions v. employiez ils employaient	j' employai tu employas il employa n. employâmes v. employâtes ils employèrent	j' emploierai tu emploieras il emploiera n. emploierons v. emploierez ils emploieront
10. envoyer 送る envoyant envoyé	j' envoie tu envoies il envoie n. envoyons v. envoyez ils envoient	j' envoyais tu envoyais il envoyait n. envoyions v. envoyiez ils envoyaient	j' envoyai tu envoyas il envoya n. envoyâmes v. envoyâtes ils envoyèrent	j' enverrai tu enverras il enverra n. enverrons v. enverrez ils enverront
11. aller 行く allant allé	je vais tu vas il va n. allons v. allez ils vont	j' allais tu allais il allait n. allions v. alliez ils allaient	j' allai tu allas il alla n. allâmes v. allâtes ils allèrent	j' irai tu iras il ira n. irons v. irez ils iront
12. finir 終える finissant fini	je finis tu finis il finit n. finissons v. finissez ils finissent	je finissais tu finissais il finissait n. finissions v. finissiez ils finissaient	je finis tu finis il finit n. finîmes v. finîtes ils finirent	je finirai tu finiras il finira n. finirons v. finirez ils finiront
13. sortir 出かける sortant sorti	je sors tu sors il sort n. sortons v. sortez ils sortent	je sortais tu sortais il sortait n. sortions v. sortiez ils sortaient	je sortis tu sortis il sortit n. sortîmes v. sortîtes ils sortirent	je sortirai tu sortiras il sortira n. sortirons v. sortirez ils sortiront
14. courir 走る courant couru	je cours tu cours il court n. courons v. courez ils courent	je courais tu courais il courait n. courions v. couriez ils couraient	je courus tu courus il courut n. courûmes v. courûtes ils coururent	je courrai tu courras il courra n. courrons v. courrez ils courront
15. fuir 逃げる fuyant fui	je fuis tu fuis il fuit n. fuyons v. fuyez ils fuient	je fuyais tu fuyais il fuyait n. fuyions v. fuyiez ils fuyaient	je fuis tu fuis il fuit n. fuîmes v. fuîtes ils fuirent	je fuirai tu fuiras il fuira n. fuirons v. fuirez ils fuiront
16. mourir 死ぬ mourant mort	je meurs tu meurs il meurt n. mourons v. mourez ils meurent	je mourais tu mourais il mourait n. mourions v. mouriez ils mouraient	je mourus tu mourus il mourut n. mourûmes v. mourûtes ils moururent	je mourrai tu mourras il mourra n. mourrons v. mourrez ils mourront

条件法	接続法		命令法	同型活用の動詞
現在	現在	半過去	現在	（注意）
j' emploierais tu emploierais il emploierait n. emploierions v. emploieriez ils emploieraient	j' emploie tu emploies il emploie n. employions v. employiez ils emploient	j' employasse tu employasses il employât n. employassions v. employassiez ils employassent	emploie employons employez	—oyer, —uyer, —ayer の動詞 (e muet の前で y → i. —ayer は 3 型でもよい. また envoyer → 10)
j' enverrais tu enverrais il enverrait n. enverrions v. enverriez ils enverraient	j' envoie tu envoies il envoie n. envoyions v. envoyiez ils envoient	j' envoyasse tu envoyasses il envoyât n. envoyassions v. envoyassiez ils envoyassent	envoie envoyons envoyez	renvoyer （未来，条・現のみ 9 型と ことなる）
j' irais tu irais il irait n. irions v. iriez ils iraient	j' aille tu ailles il aille n. allions v. alliez ils aillent	j' allasse tu allasses il allât n. allassions v. allassiez ils allassent	va allons allez	
je finirais tu finirais il finirait n. finirions v. finiriez ils finiraient	je finisse tu finisses il finisse n. finissions v. finissiez ils finissent	je finisse tu finisses il finît n. finissions v. finissiez ils finissent	finis finissons finissez	第 2 群規則動詞
je sortirais tu sortirais il sortirait n. sortirions v. sortiriez ils sortiraient	je sorte tu sortes il sorte n. sortions v. sortiez ils sortent	je sortisse tu sortisses il sortît n. sortissions v. sortissiez ils sortissent	sors sortons sortez	partir, dormir, endormir, se repentir, sentir, servir
je courrais tu courrais il courrait n. courrions v. courriez ils courraient	je coure tu coures il coure n. courions v. couriez ils courent	je courusse tu courusses il courût n. courussions v. courussiez ils courussent	cours courons courez	accourir, parcourir, secourir
je fuirais tu fuirais il fuirait n. fuirions v. fuiriez ils fuiraient	je fuie tu fuies il fuie n. fuyions v. fuyiez ils fuient	je fuisse tu fuisses il fuît n. fuissions v. fuissiez ils fuissent	fuis fuyons fuyez	s'enfuir
je mourrais tu mourrais il mourrait n. mourrions v. mourriez ils mourraient	je meure tu meures il meure n. mourions v. mouriez ils meurent	je mourusse tu mourusses il mourût n. mourussions v. mourussiez ils mourussent	meurs mourons mourez	

不定形 分詞形	直説法			
	現在	半過去	単純過去	単純未来
17. **venir** 来る venant venu	je viens tu viens il vient n. venons v. venez ils viennent	je venais tu venais il venait n. venions v. veniez ils venaient	je vins tu vins il vint n. vînmes v. vîntes ils vinrent	je viendrai tu viendras il viendra n. viendrons v. viendrez ils viendront
18. **offrir** 贈る offrant offert	j' offre tu offres il offre n. offrons v. offrez ils offrent	j' offrais tu offrais il offrait n. offrions v. offriez ils offraient	j' offris tu offris il offrit n. offrîmes v. offrîtes ils offrirent	j' offrirai tu offriras il offrira n. offrirons v. offrirez ils offriront
19. **descendre** 降りる descendant descendu	je descends tu descends il descend n. descendons v. descendez ils descendent	je descendais tu descendais il descendait n. descendions v. descendiez ils descendaient	je descendis tu descendis il descendit n. descendîmes v. descendîtes ils descendirent	je descendrai tu descendras il descendra n. descendrons v. descendrez ils descendront
20. **mettre** 置く mettant mis	je mets tu mets il met n. mettons v. mettez ils mettent	je mettais tu mettais il mettait n. mettions v. mettiez ils mettaient	je mis tu mis il mit n. mîmes v. mîtes ils mirent	je mettrai tu mettras il mettra n. mettrons v. mettrez ils mettront
21. **battre** 打つ battant battu	je bats tu bats il bat n. battons v. battez ils battent	je battais tu battais il battait n. battions v. battiez ils battaient	je battis tu battis il battit n. battîmes v. battîtes ils battirent	je battrai tu battras il battra n. battrons v. battrez ils battront
22. **suivre** ついて行く suivant suivi	je suis tu suis il suit n. suivons v. suivez ils suivent	je suivais tu suivais il suivait n. suivions v. suiviez ils suivaient	je suivis tu suivis il suivit n. suivîmes v. suivîtes ils suivirent	je suivrai tu suivras il suivra n. suivrons v. suivrez ils suivront
23. **vivre** 生きる vivant vécu	je vis tu vis il vit n. vivons v. vivez ils vivent	je vivais tu vivais il vivait n. vivions v. viviez ils vivaient	je vécus tu vécus il vécut n. vécûmes v. vécûtes ils vécurent	je vivrai tu vivras il vivra n. vivrons v. vivrez ils vivront
24. **écrire** 書く écrivant écrit	j' écris tu écris il écrit n. écrivons v. écrivez ils écrivent	j' écrivais tu écrivais il écrivait n. écrivions v. écriviez ils écrivaient	j' écrivis tu écrivis il écrivit n. écrivîmes v. écrivîtes ils écrivirent	j' écrirai tu écriras il écrira n. écrirons v. écrirez ils écriront

条件法	接続法	半過去	命令法	同型活用の動詞
現在	現在	半過去	現在	（注意）
je viendrais tu viendrais il viendrait n. viendrions v. viendriez ils viendraient	je vienne tu viennes il vienne n. venions v. veniez ils viennent	je vinsse tu vinsses il vînt n. vinssions v. vinssiez ils vinssent	viens venons venez	convenir, devenir, provenir, revenir, se souvenir； tenir, appartenir, maintenir, obtenir, retenir, soutenir
j' offrirais tu offrirais il offrirait n. offririons v. offririez ils offriraient	j' offre tu offres il offre n. offrions v. offriez ils offrent	j' offrisse tu offrisses il offrît n. offrissions v. offrissiez ils offrissent	offre offrons offrez	couvrir, découvrir, ouvrir, souffrir
je descendrais tu descendrais il descendrait n. descendrions v. descendriez ils descendraient	je descende tu descendes il descende n. descendions v. descendiez ils descendent	je descendisse tu descendisses il descendît n. descendissions v. descendissiez ils descendissent	descends descendons descendez	attendre, défendre, rendre, entendre, perdre, prétendre, répondre, tendre, vendre
je mettrais tu mettrais il mettrait n. mettrions v. mettriez ils mettraient	je mette tu mettes il mette n. mettions v. mettiez ils mettent	je misse tu misses il mît n. missions v. missiez ils missent	mets mettons mettez	admettre, commettre, permettre, promettre, remettre, soumettre
je battrais tu battrais il battrait n. battrions v. battriez ils battraient	je batte tu battes il batte n. battions v. battiez ils battent	je battisse tu battisses il battît n. battissions v. battissiez ils battissent	bats battons battez	abattre, combattre
je suivrais tu suivrais il suivrait n. suivrions v. suivriez ils suivraient	je suive tu suives il suive n. suivions v. suiviez ils suivent	je suivisse tu suivisses il suivît n. suivissions v. suivissiez ils suivissent	suis suivons suivez	poursuivre
je vivrais tu vivrais il vivrait n. vivrions v. vivriez ils vivraient	je vive tu vives il vive n. vivions v. viviez ils vivent	je vécusse tu vécusses il vécût n. vécussions v. vécussiez ils vécussent	vis vivons vivez	
j' écrirais tu écrirais il écrirait n. écririons v. écririez ils écriraient	j' écrive tu écrives il écrive n. écrivions v. écriviez ils écrivent	j' écrivisse tu écrivisses il écrivît n. écrivissions v. écrivissiez ils écrivissent	écris écrivons écrivez	décrire, inscrire

不定形 分詞形	直説法			
	現在	半過去	単純過去	単純未来
25. connaître 知っている connaissant connu	je connais tu connais il connaît n. connaissons v. connaissez ils connaissent	je connaissais tu connaissais il connaissait n. connaissions v. connaissiez ils connaissaient	je connus tu connus il connut n. connûmes v. connûtes ils connurent	je connaîtrai tu connaîtras il connaîtra n. connaîtrons v. connaîtrez ils connaîtront
26. naître 生まれる naissant né	je nais tu nais il naît n. naissons v. naissez ils naissent	je naissais tu naissais il naissait n. naissions v. naissiez ils naissaient	je naquis tu naquis il naquit n. naquîmes v. naquîtes ils naquirent	je naîtrai tu naîtras il naîtra n. naîtrons v. naîtrez ils naîtront
27. conduire みちびく conduisant conduit	je conduis tu conduis il conduit n. conduisons v. conduisez ils conduisent	je conduisais tu conduisais il conduisait n. conduisions v. conduisiez ils conduisaient	je conduisis tu conduisis il conduisit n. conduisîmes v. conduisîtes ils conduisirent	je conduirai tu conduiras il conduira n. conduirons v. conduirez ils conduiront
28. suffire 足りる suffisant suffi	je suffis tu suffis il suffit n. suffisons v. suffisez ils suffisent	je suffisais tu suffisais il suffisait n. suffisions v. suffisiez ils suffisaient	je suffis tu suffis il suffit n. suffîmes v. suffîtes ils suffirent	je suffirai tu suffiras il suffira n. suffirons v. suffirez ils suffiront
29. lire 読む lisant lu	je lis tu lis il lit n. lisons v. lisez ils lisent	je lisais tu lisais il lisait n. lisions v. lisiez ils lisaient	je lus tu lus il lut n. lûmes v. lûtes ils lurent	je lirai tu liras il lira n. lirons v. lirez ils liront
30. plaire 気に入る plaisant plu	je plais tu plais il plaît n. plaisons v. plaisez ils plaisent	je plaisais tu plaisais il plaisait n. plaisions v. plaisiez ils plaisaient	je plus tu plus il plut n. plûmes v. plûtes ils plurent	je plairai tu plairas il plaira n. plairons v. plairez ils plairont
31. dire 言う disant dit	je dis tu dis il dit n. disons v. dites ils disent	je disais tu disais il disait n. disions v. disiez ils disaient	je dis tu dis il dit n. dîmes v. dîtes ils dirent	je dirai tu diras il dira n. dirons v. direz ils diront
32. faire する faisant [fəzɑ̃] fait	je fais tu fais il fait n. faisons [fəzɔ̃] v. faites ils font	je faisais [fəzɛ] tu faisais il faisait n. faisions v. faisiez ils faisaient	je fis tu fis il fit n. fîmes v. fîtes ils firent	je ferai tu feras il fera n. ferons v. ferez ils feront

条件法	接続法		命令法	同型活用の動詞
現在	現在	半過去	現在	（注意）
je connaîtrais tu connaîtrais il connaîtrait n. connaîtrions v. connaîtriez ils connaîtraient	je connaisse tu connaisses il connaisse n. connaissions v. connaissiez ils connaissent	je connusse tu connusses il connût n. connussions v. connussiez ils connussent	connais connaissons connaissez	reconnaître ; paraître, apparaître, disparaître （t の前で i → î）
je naîtrais tu naîtrais il naîtrait n. naîtrions v. naîtriez ils naîtraient	je naisse tu naisses il naisse n. naissions v. naissiez ils naissent	je naquisse tu naquisses il naquît n. naquissions v. naquissiez ils naquissent	nais naissons naissez	renaître （t の前で i → î）
je conduirais tu conduirais il conduirait n. conduirions v. conduiriez ils conduiraient	je conduise tu conduises il conduise n. conduisions v. conduisiez ils conduisent	je conduisisse tu conduisisses il conduisît n. conduisissions v. conduisissiez ils conduisissent	conduis conduisons conduisez	introduire, produire, traduire ; construire, détruire
je suffirais tu suffirais il suffirait n. suffirions v. suffiriez ils suffiraient	je suffise tu suffises il suffise n. suffisions v. suffisiez ils suffisent	je suffisse tu suffisses il suffît n. suffissions v. suffissiez ils suffissent	suffis suffisons suffisez	
je lirais tu lirais il lirait n. lirions v. liriez ils liraient	je lise tu lises il lise n. lisions v. lisiez ils lisent	je lusse tu lusses il lût n. lussions v. lussiez ils lussent	lis lisons lisez	élire, relire
je plairais tu plairais il plairait n. plairions v. plairiez ils plairaient	je plaise tu plaises il plaise n. plaisions v. plaisiez ils plaisent	je plusse tu plusses il plût n. plussions v. plussiez ils plussent	plais plaisons plaisez	déplaire, taire （ただし taire の直・現・ 3 人称単数 il tait）
je dirais tu dirais il dirait n. dirions v. diriez ils diraient	je dise tu dises il dise n. disions v. disiez ils disent	je disse tu disses il dît n. dissions v. dissiez ils dissent	dis disons dites	redire
je ferais tu ferais il ferait n. ferions v. feriez ils feraient	je fasse tu fasses il fasse n. fassions v. fassiez ils fassent	je fisse tu fisses il fît n. fissions v. fissiez ils fissent	fais faisons faites	défaire, refaire, satisfaire

不定形/分詞形	直説法			
	現在	半過去	単純過去	単純未来
33. rire 笑う riant ri	je ris tu ris il rit n. rions v. riez ils rient	je riais tu riais il riait n. riions v. riiez ils riaient	je ris tu ris il rit n. rîmes v. rîtes ils rirent	je rirai tu riras il rira n. rirons v. rirez ils riront
34. croire 信じる croyant cru	je crois tu crois il croit n. croyons v. croyez ils croient	je croyais tu croyais il croyait n. croyions v. croyiez ils croyaient	je crus tu crus il crut n. crûmes v. crûtes ils crurent	je croirai tu croiras il croira n. croirons v. croirez ils croiront
35. craindre おそれる craignant craint	je crains tu crains il craint n. craignons v. craignez ils craignent	je craignais tu craignais il craignait n. craignions v. craigniez ils craignaient	je craignis tu craignis il craignit n. craignîmes v. craignîtes ils craignirent	je craindrai tu craindras il craindra n. craindrons v. craindrez ils craindront
36. prendre とる prenant pris	je prends tu prends il prend n. prenons v. prenez ils prennent	je prenais tu prenais il prenait n. prenions v. preniez ils prenaient	je pris tu pris il prit n. prîmes v. prîtes ils prirent	je prendrai tu prendras il prendra n. prendrons v. prendrez ils prendront
37. boire 飲む buvant bu	je bois tu bois il boit n. buvons v. buvez ils boivent	je buvais tu buvais il buvait n. buvions v. buviez ils buvaient	je bus tu bus il but n. bûmes v. bûtes ils burent	je boirai tu boiras il boira n. boirons v. boirez ils boiront
38. voir 見る voyant vu	je vois tu vois il voit n. voyons v. voyez ils voient	je voyais tu voyais il voyait n. voyions v. voyiez ils voyaient	je vis tu vis il vit n. vîmes v. vîtes ils virent	je verrai tu verras il verra n. verrons v. verrez ils verront
39. asseoir 座らせる asseyant assoyant assis	j' assieds tu assieds il assied n. asseyons v. asseyez ils asseyent j' assois tu assois il assoit n. assoyons v. assoyez ils assoient	j' asseyais tu asseyais il asseyait n. asseyions v. asseyiez ils asseyaient j' assoyais tu assoyais il assoyait n. assoyions v. assoyiez ils assoyaient	j' assis tu assis il assit n. assîmes v. assîtes ils assirent	j' assiérai tu assiéras il assiéra n. assiérons v. assiérez ils assiéront j' assoirai tu assoiras il assoira n. assoirons v. assoirez ils assoiront

条件法	接続法		命令法	同型活用の動詞
現在	現在	半過去	現在	（注意）
je rirais tu rirais il rirait n. ririons v. ririez ils riraient	je rie tu ries il rie n. riions v. riiez ils rient	je risse tu risses il rît n. rissions v. rissiez ils rissent	ris rions riez	sourire
je croirais tu croirais il croirait n. croirions v. croiriez ils croiraient	je croie tu croies il croie n. croyions v. croyiez ils croient	je crusse tu crusses il crût n. crussions v. crussiez ils crussent	crois croyons croyez	
je craindrais tu craindrais il craindrait n. craindrions v. craindriez ils craindraient	je craigne tu craignes il craigne n. craignions v. craigniez ils craignent	je craignisse tu craignisses il craignît n. craignissions v. craignissiez ils craignissent	crains craignons craignez	plaindre ; atteindre, éteindre, peindre; joindre, rejoindre
je prendrais tu prendrais il prendrait n. prendrions v. prendriez ils prendraient	je prenne tu prennes il prenne n. prenions v. preniez ils prennent	je prisse tu prisses il prît n. prissions v. prissiez ils prissent	prends prenons prenez	apprendre, comprendre, surprendre
je boirais tu boirais il boirait n. boirions v. boiriez ils boiraient	je boive tu boives il boive n. buvions v. buviez ils boivent	je busse tu busses il bût n. bussions v. bussiez ils bussent	bois buvons buvez	
je verrais tu verrais il verrait n. verrions v. verriez ils verraient	je voie tu voies il voie n. voyions v. voyiez ils voient	je visse tu visses il vît n. vissions v. vissiez ils vissent	vois voyons voyez	revoir
j' assiérais tu assiérais il assiérait n. assiérions v. assiériez ils assiéraient	j' asseye tu asseyes il asseye n. asseyions v. asseyiez ils asseyent	j' assisse tu assisses il assît n. assissions v. assissiez ils assissent	assieds asseyons asseyez	（代名動詞 s'asseoir として用いられることが多い．下段は俗語調）
j' assoirais tu assoirais il assoirait n. assoirions v. assoiriez ils assoiraient	j' assoie tu assoies il assoie n. assoyions v. assoyiez ils assoient		assois assoyons assoyez	

不定形 分詞形	直説法			
	現在	半過去	単純過去	単純未来
40. recevoir 受取る recevant reçu	je reçois tu reçois il reçoit n. recevons v. recevez ils reçoivent	je recevais tu recevais il recevait n. recevions v. receviez ils recevaient	je reçus tu reçus il reçut n. reçûmes v. reçûtes ils reçurent	je recevrai tu recevras il recevra n. recevrons v. recevrez ils recevront
41. devoir ねばならぬ devant dû, due dus, dues	je dois tu dois il doit n. devons v. devez ils doivent	je devais tu devais il devait n. devions v. deviez ils devaient	je dus tu dus il dut n. dûmes v. dûtes ils durent	je devrai tu devras il devra n. devrons v. devrez ils devront
42. pouvoir できる pouvant pu	je peux (puis) tu peux il peut n. pouvons v. pouvez ils peuvent	je pouvais tu pouvais il pouvait n. pouvions v. pouviez ils pouvaient	je pus tu pus il put n. pûmes v. pûtes ils purent	je pourrai tu pourras il pourra n. pourrons v. pourrez ils pourront
43. vouloir のぞむ voulant voulu	je veux tu veux il veut n. voulons v. voulez ils veulent	je voulais tu voulais il voulait n. voulions v. vouliez ils voulaient	je voulus tu voulus il voulut n. voulûmes v. voulûtes ils voulurent	je voudrai tu voudras il voudra n. voudrons v. voudrez ils voudront
44. savoir 知っている sachant su	je sais tu sais il sait n. savons v. savez ils savent	je savais tu savais il savait n. savions v. saviez ils savaient	je sus tu sus il sut n. sûmes v. sûtes ils surent	je saurai tu sauras il saura n. saurons v. saurez ils sauront
45. valoir 価値がある valant valu	je vaux tu vaux il vaut n. valons v. valez ils valent	je valais tu valais il valait n. valions v. valiez ils valaient	je valus tu valus il valut n. valûmes v. valûtes ils valurent	je vaudrai tu vaudras il vaudra n. vaudrons v. vaudrez ils vaudront
46. falloir 必要である — fallu	il faut	il fallait	il fallut	il faudra
47. pleuvoir 雨が降る pleuvant plu	il pleut	il pleuvait	il plut	il pleuvra

条件法	接続法		命令法	同型活用の動詞
現在	現在	半過去	現在	（注意）
je recevrais tu recevrais il recevrait n. recevrions v. recevriez ils recevraient	je reçoive tu reçoives il reçoive n. recevions v. receviez ils reçoivent	je reçusse tu reçusses il reçût n. reçussions v. reçussiez ils reçussent	reçois recevons recevez	apercevoir, concevoir
je devrais tu devrais il devrait n. devrions v. devriez ils devraient	je doive tu doives il doive n. devions v. deviez ils doivent	je dusse tu dusses il dût n. dussions v. dussiez ils dussent		（過去分詞はdu=de+leと区別するために男性単数のみdûと綴る）
je pourrais tu pourrais il pourrait n. pourrions v. pourriez ils pourraient	je puisse tu puisses il puisse n. puissions v. puissiez ils puissent	je pusse tu pusses il pût n. pussions v. pussiez ils pussent		
je voudrais tu voudrais il voudrait n. voudrions v. voudriez ils voudraient	je veuille tu veuilles il veuille n. voulions v. vouliez ils veuillent	je voulusse tu voulusses il voulût n. voulussions v. voulussiez ils voulussent	veuille veuillons veuillez	
je saurais tu saurais il saurait n. saurions v. sauriez ils sauraient	je sache tu saches il sache n. sachions v. sachiez ils sachent	je susse tu susses il sût n. sussions v. sussiez ils sussent	sache sachons sachez	
je vaudrais tu vaudrais il vaudrait n. vaudrions v. vaudriez ils vaudraient	je vaille tu vailles il vaille n. valions v. valiez ils vaillent	je valusse tu valusses il valût n. valussions v. valussiez ils valussent		
il faudrait	il faille	il fallût		
il pleuvrait	il pleuve	il plût		

『麗しのサブリナ』
Blu-ray：2,381円＋税／DVD：1,429円＋税
発売元：NBCユニバーサル・エンターテイメント
※2018年09月の情報です。

フランス語初級文法　ななつ星

| 検印省略 | © 2019年1月15日　第1版発行 |

著　者　　　マルヴィナ　ルコント
　　　　　　中畑　寛之
　　　　　　友谷　知己
　　　　　　山上　浩嗣

発行者　　　　　　　　原　雅久
発行所　　　　　株式会社　朝日出版社
　　　　101-0065　東京都千代田区西神田3－3－5
　　　　　　　電話 (03) 3239-0271・0272
　　　　　　　振替口座　00140-2-46008
　　　　　　　クロスコンサルティング

乱丁，落丁本はお取り替えいたします
ISBN978-4-255-35296-1 C1085

本書の一部あるいは全部を無断で複写複製（撮影・デジタル化を含む）及び転載することは、法律上で認められた場合を除き、禁じられています。